초판 1쇄 찍은날 2011년 4월 8일
초판 1쇄 펴낸날 2011년 4월 15일

글 호안 데 데우 프랏 이 피호안 | 그림 테레사 마르티 호베르 | 옮김 맹성렬
펴낸이 장승규 | 편집 이영란 | 디자인 인디나인
인쇄 평화당 | 제본 홍진문화사
펴낸곳 도서출판 세용 | 등록 2003년 9월 17일 제 300-2003-3
주소 서울시 은평구 불광동 443-7 1층 | 전화 02-352-6798 | 팩시밀리 02-352-6797
전자우편 seyong21@hanmir.com

ISBN 978-89-93196-14-6 03900
ISBN 978-89-93196-06-1 (세트)

DIARIO de la HISTORIA

Text: Joan de Déu Prats i PiJoan
Illustrator: Teresa Martí Jover

Original Edition ⓒ PARRAMON EDITIONES, S.A. Barcelona, España World rights reserved.
ⓒ Copyrights of this edition : Seyong Publishing Co.
KOREAN Translation rights arranged with Parramon Editions S.A. Barcelona, Spain thtough EntersKorea Co., Ltd., Seoul. Korea.
KOREAN language edition ⓒ 2011 by Seyong Publishing Co.

이 책의 한국어판 저작권은 (주)엔터스코리아를 통한 저작권자와의 독점 계약으로 도서출판 세용에 있습니다.
신 저작권법에 의해 한국 내에서 보호를 받는 저작물이므로 무단전재와 무단복제를 금합니다.

※책값은 뒤표지에 있습니다. ※파본은 바꾸어 드립니다.

재미있는
이야기 세계사

재미있는
이야기 세계사

호안 데 데우 프랏 이 피호안 지음 | 테레사 마르티 호베르 그림 | 맹성렬 옮김

세용출판

옮긴이의 말

이 책은 원시 시대부터 최근에 이르기까지 인류사에 있었던 획기적인 사건들을 뉴스 특보 형태를 취해 독자들에게 생생하게 전달하려는 의도로 씌어졌다. 나는 아직까지 인류 역사를 단계별로 이처럼 함축적이면서도 유머러럽고, 또 가끔 냉소적인 시각으로 메스를 들이대는 책을 본 적이 없다.

재미 없게 주입식으로 역사 공부를 하고 있을 학생들뿐만 아니라 바쁜 일상으로 시간적인 여유를 갖지 못하는 성인들에게도 잠시 자투리 시간에 기분 전환을 할 수 있는 매우 유익한 책이 될 것이라 믿는다.

이 책에 대해서 한 가지 특기할 만한 사실은 원래 기획이 스페인에서 이루어졌다는 점이다. 스페인은 인류 역사에서 매우 특별한 위치에 있었다. 한때 아랍권의 영향도 받았고, 유럽의 다른 열강들과 다투면서 남아메리카 대륙에 식민지를 건설하기도 한 나라이다. 따라서 스페인 사람들에게 아랍이나 유럽, 그리고 남미의 상황은 매우 친숙해서 대충 세세한 내용을 생략하고 이야기를 풀어 나가도 그들이 의미를 이해하는 데 큰 어려움은 없을 것이다.

하지만 우리에게 아랍이나 유럽, 남미는 낯선 문화권으로 이 책에서 제시하려는 메시지의 행간을 읽어 내는 데는 다소 어려움이 있을 수 있다. 옮긴이가 나름대로 쉽게 풀어서 설명하려고 했으며, 이 책의 특성상 생소한 내용은 설명을 달았다. 아무쪼록 이 책을 통해 여러분의 즐거운 세계사 읽기를 기대해 본다.

들어가는 말

동굴에 살면서 날고기를 먹으며 으르렁거리는 소리로 간신히 의사소통을 했던 벌거벗은 털북숭이들이 어떻게 마침내 달을 정복할 수 있었던 것일까?

그들의 호기심과 사회 적응력이 그들을 나무에서 내려와 인간으로 진화하여 이 세상을 지배하도록 한 원동력이 되었을 것이다.

우리는 역사 속의 개개인들의 기여에 대해 감사해야 하며, 우리가 문명화되기까지 여태껏 거쳐 온 역사적 단계들에 대해서도 고맙게 생각해야 한다. 솔직히 말하자면, 그 동안 퇴보했던 시대들도 있었으며, 또한 미래에 그런 시기가 올지도 모른다.

아무튼 중동에서 비롯된 농경, 문자, 천문학과 그리스에서 발달된 민주주의, 또 동양의 정신 세계, 르네상스 시대의 지리상의 발견과 과학의 발견 덕분에 인류는 결국 여러 천체들까지 정복할 수 있게 되었다.

하지만 인류는 서로 간의 차이에서 오는 공포감과 정복욕으로 인한 전쟁과 같은 미개한 행태로 역사적인 퇴보를 불러오곤 한다.

21세기에 인류는 환경과 다양성의 존중, 그리고 우주와의 교감을 바탕으로 한 새로운 자각을 하고 있다.

이 인류의 개척과 퇴보, 그리고 위대한 발견에 대한 연대기가 동굴에서 우주까지 인류가 해온 놀라운 역정을 여러분들이 오래오래 기억해 주길 바란다.

차례

선사 시대의 생활
선사 시대의 연대기 ········ 8

메소포타미아 문명
바퀴를 최초로 이용한 문명의 연대기 ········ 14

이집트 문명
기하학이 발달한 연대기 ········ 20

인더스 문명
아주 오래된 문화의 연대기 ········ 26

황하 문명
제국의 왕조들에 관한 연대기 ········ 30

크메르 제국
신성한 도시에 관한 연대기 ········ 36

티베트
경전, 주문, 열반에 관한 연대기 ········ 38

고대 일본
일본 열도에 관한 연대기 ········ 42

페르시아 제국
불꽃처럼 타오르는 문명의 연대기 ········ 46

그리스 문화
철학적 제국의 연대기 ········ 50

켈트 문화
드루이드교 문화의 연대기 ········ 56

로마 제국
민주주의 기원의 연대기 ········ 60

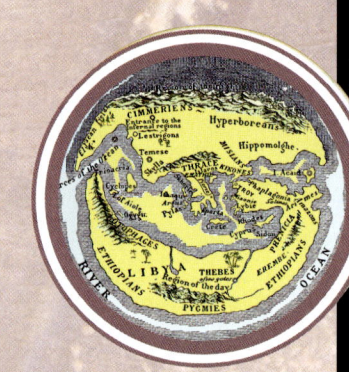

차례

아라비아
메카를 바라보는 사람들의 연대기………66

아프리카
북소리 장단에 맞춰 움직이는 문화의 연대기………68

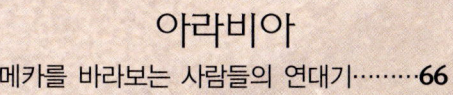

콜럼버스가 미 대륙을 발견하기 이전의 시대
우주를 끌어안은 문화의 연대기………74

비잔틴 제국
장엄한 문명의 연대기………80

아메리카 원주민
친환경적인 삶을 사는 사람들의 연대기………84

바이킹족
무시무시한 선원들의 연대기………88

중세 시대
음유 시인, 성곽, 봉신들의 연대기………92

르네상스
문예 부흥의 연대기………98

산업화 시대
진보의 연대기………104

20세기의 사회와 문화
전쟁과 과학 기술의 연대기………112

21세기 디지털 시대
현재 진행 중인 역사의 연대기………122

선사 시대의 연대기
선사 시대의 생활

사설 200만 년 전 아프리카에서 인간은 최초로 직립 보행을 시작했다. 인간은 두 발로 서게 되자, 앞발로 사용하던 두 손에 날카로운 돌을 쥐고 사냥한 고기를 자르는 등 도구를 사용하게 되었다. 이것이 문명의 시작이며, 이후로 인간은 다른 동물들을 지배하게 되었다. 인간은 수렵 채집을 하던 생활에서 농사를 짓는 생활로 진화하였으며, 유목 생활을 끝내고 한 곳에 정착해 생활하게 되었다. 인간은 1천만 년 전에 최초로 작물을 재배하였으며, 그 후로 도자기, 수레바퀴, 화로, 금속가공품 등을 만들어 냈다. 5천 년 전 근동 지역에서 인간은 문자를 사용하였으며, 이 때부터 인류의 역사가 시작되었다.

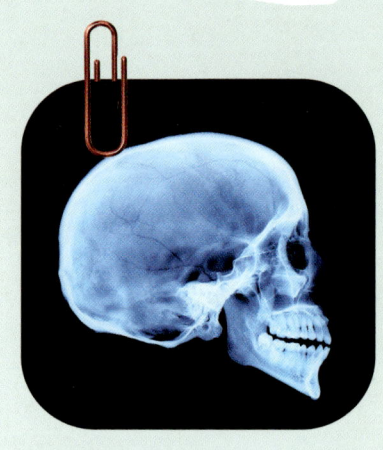

초기의 인간

내 평생 동안에 사람을 백 명 정도 만났지!
아프리카의 네안데르탈인 존 빅조우는, 자신들은 많아야 세 가구 정도 모여 산다고 말했다. 아울러 주변에 사냥감이 많지 않기 때문에 이보다 큰 규모의 집단은 형성하지 못한다고 했다.

> 선사 시대 최초의 인구 통계 조사에 따르면, 전체 인구수는 작은 도시 규모 정도인 것으로 밝혀졌다.

지구는 텅텅 비어 있다!

인류 최초의 조상은 동아프리카의 올두바이 협곡에 살았으며, 현재 이 곳은 탄자니아에 속한다.

스페셜 리포트

구석기 시대의 요리

구석기 시대의 사람들은 돌과 돌을 부딪쳐서 불을 피웠다. 구석기인들은 어둠을 밝히고 춥고 어두운 동굴을 따뜻하게 하기 위해 작은 불꽃을 원시적인 형태의 그릇(인류 최초의 화덕)에 담아 보관하였다. 음식을 익혀 먹기 시작한 것은 우연히 고기 몇 조각이 불 속에 떨어져 익혀져 훨씬 맛있는 경험을 하게 되면서부터다. 나중에 이들은 어떠한 돌들은 불 속에서 말랑말랑해진다는 것을 알게 되었는데, 이것이 바로 금속이다.

마른 풀잎과 작은 나뭇가지를 비벼서도 불을 피울 수 있다.

포커스

미스 미스터 호모 사피엔스 선발대회

음식을 익혀 먹게 되면서 더 이상 크고 강한 이빨이 필요하지 않게 되었다. 크고 평평한 어금니는 더 이상 필요하지 않았고 턱과 이빨은 더욱 작아졌다. 호모 사피엔스는 얼굴이 더 작고 고와졌으며, 미인대회에 참가할 수 있게 되었다.

미스 미스터 호모 사피엔스 선발대회, 오늘 밤 동굴 대극장에서! 놓치면 후회합니다!

10 / 선사 시대의 연대기

편집장에게 보내는 글

인류 최초의 언어 사용

호모 에렉투스는 코끼리, 무소, 말, 들소, 버펄로, 낙타, 멧돼지, 양, 영양, 사슴 등을 사냥한다. 이러한 사냥감들을 사냥하기 위해서는 지능과 체계적인 사냥 기술이 필요하며, 이것은 뇌 용량이 증가했기 때문에 가능한 일이다. 사냥을 통해 지능이 더욱 발달한 것은 분명하다. 집단 사냥의 발달로 언어의 발달을 가져왔다. 사냥 전문가인 나는 사냥을 제한하는 것은 폐지되어야 한다고 주장한다. 왜냐하면 그래야 우리가 일 년 내내 사냥을 할 수 있고 그럼으로써 더 똑똑해질 수 있기 때문이다.

로드니 스페어 올림

부고

지금까지 알려진 가장 큰 매머드의 엄니는 5m나 된다.

매머드

지구의 마지막 매머드가 사망했습니다. 사망 원인은 기후 변화와 인간의 무차별한 사냥 때문입니다. 매머드의 엄니, 가죽, 힘줄, 살코기는 사냥꾼들에게 인기가 높았습니다. 매머드의 장례식에는 곧 멸종 위기의 위험에 처한 긴 털 코뿔소, 동굴 곰, 검치호 등이 참석하여 애도를 표했습니다.
삼가 명복을 빕니다.

광고

제4기 예술 학교

당신은 예술에 재능이 있나요? 춤을 통해 당신의 감정을 표현하고 싶은가요?
그렇다면 우리 학교 속성 과정에 등록하세요. 자연과 하늘의 리듬에 빠져 보세요. 당신 주변의 환경을 즐기세요. 일상생활 속에서 열정적으로 그 느낌을 노래로 표현해 보세요. 우리 코스는 역사의 기록에 남습니다. 최초로 알려진 노래는 우리 학교의 작품입니다.

전시회

선사 시대의 생활 / 11

세상에서 가장 오래된 미술관

'화살 맞은 들소 전시회'에 당신을 초대합니다. 툴루즈 네안데르탈렉, 살바도르 팔레올리, 그리고 파블로 오스트랄로 피테쿠수스의 원작.

전시회 리뷰

이 전시회를 꼭 한 번 관람해 보라. 단지 훈제 매머드를 맛볼 수 있는 기회 때문만은 아니다. 동굴 벽에 찍힌 손바닥 자국은 권력의 상징으로서 예술적인 가치를 지닌다. 이 원시 예술가들은 동굴 깊은 곳을 의식이 거행되는 신성한 장소로 바꾸어 놓았다. 화살촉으로 그린 동물 그림들은 주술의 표현 방법으로 성공적인 사냥의 기원을 나타낸다.

사회

50번째 생일의 축복

신석기 시대에는 열 사람 중 한 사람만이 기념비적인 생일이라 할 수 있는 50번째 생일을 맞이한다. 50세까지 산 사람은 극히 드물다. 50세까지 장수한 사람들은 40년 동안 수렵 활동을 하고, 35년 동안 자식을 양육하며, 그리고 평생 동안 약초에 관해 배우는 데 시간을 보낸다. 50세까지 산다는 것은 엄청난 축복이다.

할아버지, 서른다섯 번째 생신을 축하드려요.

12 / 선사 시대의 연대기

통신원 소식

선사 시대 통신원 에니 플린트로부터

생활이 어려워지면서 인간은 새로운 생활 방식을 발명해 냈다. 날씨가 너무 추워 밖에서 지낼 수 없게 되자, 인간은 동물 가죽, 진흙, 나무와 나뭇잎, 그리고 매머드의 뼈로 오두막을 지었다. 이런 오두막은 확실히 동굴보다는 지내기가 낫다. 야생 동물의 수가 점점 줄어들자, 인간은 동물들을 오두막 안에 가두고 길렀다. 여러 해에 걸친 가뭄과 추위로 야생의 열매들이 점점 줄어들게 되면서, 인간은 작물을 재배하기 시작했다.

오두막은 널리 유행한 주거 형태로, 최초의 건축물이라 할 수 있다.

선사 시대의 건축물 둘러보기

건축

거석
아주 큰 돌로 만들어진 선사 시대의 기념비.

선돌
거석 중 똑바로 선 모양의 기념비. 역사상 최초의 건축물이라 할 수 있다.

환상열석
선돌 형태의 거석들이 원형을 이루고 있다. 천문관측소로 이용되었다.

고인돌
두 개 이상의 돌을 세워 그 위에 평평한 돌을 얹은 것으로, 매우 진취적인 모습의 무덤 양식이다.

선사 시대의 생활 / 13

정치

먹을 양식이 충분히 공급되므로 우리 모두는 더 이상 먹고살기 위해 일하는 데 매달리지 않아도 된다. 이제 우리는 여유를 갖고 우리가 좋아하는 일을 하는 데 시간을 보낼 수 있게 되었다. 농사를 짓거나 물건을 팔거나 통치를 하거나 또는 창작을 하는 것이다.

> 농업혁명이여, 영원하라!

> 수렵하는 사람과 채집하는 사람이 하나가 된 세상!

> 우리는 자연을 지배할 것이다!

> 농업 혁명이여, 영원하라!

선사 시대

구석기 시대 : 뗀석기 시대. 돌을 깨서 사용한 시기(돌을 내리치거나 긁거나 부수거나 자르는 방법).
- 구석기 시대의 동굴 벽화는 현실을 상징적인 표현으로 나타내기 시작했음을 알 수 있다.
- 최초로 가축을 길렀다(개, 염소, 양, 돼지).

신석기 시대 : 간석기 시대
- 갈아서 만든 돌도끼는 이 시대에 가장 중요한 도구이다.
- 소를 기르기 시작했다(기원전 8천 년).

청동기 시대 : 금속을 사용한 시대
- 토기 사용으로 식량을 보관하고 요리하는 것이 편리해졌다.

구석기 시대

신석기 시대

청동기 시대

여행 가이드

최후의 여행 준비

- 시체를 누운 자세로 우묵한 곳에 둔다.
- 시체 옆에 다음 생에서 생활하는 데 꼭 필요한 도구, 식량과 꽃, 동물의 뿔과 같은 장식물을 놓는다.
- 시체를 돌로 덮는다.
- 죽은 사람은 사후에도 부족 생활을 한다는 것을 명심하라. 그들은 당신의 조상들이다. 조상이 당신을 등지게 하지 말라!

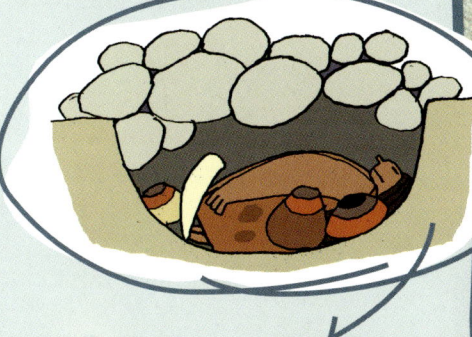
매장은 선사 시대에 가장 흔한 장례 방식이며, 오늘날까지 이어져 오고 있다.

바퀴를 최초로 이용한 문명의 연대기
메소포타미아 문명

사설 5천 년 전 지구의 대부분 지역에서는 석기 시대가 계속되고 있었다. 하지만 '유프라테스와 티그리스 강 사이의 땅'인 메소포타미아 지역에서 최초의 안정적인 도시국가들이 탄생하여 수메르, 바빌로니아, 그리고 아시리아로 이어져 오게 되었다. 그들이 인류에게 가져다 준 것은 농업, 법률, 천문학과 바퀴 등으로 유대인들과 그리스·로마인들, 그리고 궁극적으로 현재 우리들의 지식과 문화의 기반을 이루었다.

현재 이라크 땅이 대체로 고대 메소포타미아 영토와 일치한다.

특보

수메르의 서사시인 '길가메시 서사시'에 대홍수가 언급되어 있다.

특집

메소포타미아인들의 '바퀴'의 발명

아주 많은 복잡한 실험 끝에 수메르 지역에서 인류 역사상 중요한 진보가 이루어졌다. 바퀴의 발명으로 운송에 혁명이 일어날 것이며, 기계학의 원조가 되는 것으로 판명될 것이다. (더 자세한 정보는 16쪽을 보세요.)

유명한 우르 바퀴(기원전 3500년)는 현재까지 발견된 것 중에서 세계에서 가장 오래된 목재 바퀴이다.

> 네덜란드의 화가 피터 브뤼헐(1525~1569년)의 작품 '바벨탑'은 성서 속 전설을 담은 가장 상징적인 이미지다.

건축

최초의 마천루

종교적인 이유로 맨 꼭대기에 사원이 위치한 층계형 피라미드인 마천루를 건설했다. 이것은 신들이 거주하는 공간으로 말하자면, 하늘과 땅을 연결하는 다리다. 그것은 다양한 색상의 에나멜 칠을 한 벽돌로 장식되어 있는데 우주로 들어가는 문으로 여겼다. 이들 중 가장 유명한 것이 바벨탑이다. (16쪽을 보세요.)

교육

학교에서의 차별

아시아 프레스(아시아 지역 독립기자협회)에 의하면, 바빌로니아에서 여자 아이들은 학교에 다닐 수 없으며, 오직 남자 아이들만 학교에서 읽기와 쓰기를 배우고, 문학 천문학 수학을 공부할 수 있다고 한다. 그들은 수메르식 60진법 수 체계를 사용하며, 이로 인해 한 시간은 60분이고 원을 이루는 각도는 360도인 것이다.

16 / 바퀴를 최초로 이용한 문명의 연대기

관광로

바빌로니아 관광

여행 일정

첫 행선지는 유명한 이슈타르 문으로 용(마르두크 신의 상징)과 황소(아다브 신의 상징)가 그려져 있다.

이슈타르 문 안으로 들어가면 바빌로니아의 행렬도로 접어드는데, 무릎을 꿇고 죽 늘어서 있는 사람들 앞으로 왕과 승리한 군대가 퍼레이드를 벌였다.

다음으로 네부카드네자르 왕이 그의 부인 아미티스가 고향 메디아의 푸른 언덕을 그리워하는 것을 보고, 그녀를 기쁘게 해 주기 위해 만든 공중 정원을 방문할 것이다. 이 정원은 고대의 7대 불가사의 중 하나였다.

정원 맞은편에 네부카드네자르 왕의 웅장한 궁전을 볼 수 있는데 이 또한 인류 역사의 불가사의한 작품이다.

우리 여정의 다음 행선지는 높이가 90m나 되는 지구라트이다. 이 건축물은 일곱 가지 색깔로 층이 구분되어 있고, 맨 꼭대기 층에는 마르두크 신에게 봉헌된 신전이 있다. 이것이 바로 구약에서 묘사된 바벨탑이다. 성서에 의하면, 신이 탑을 쌓는 인간들의 언어를 서로 다르게 하여 하늘에 오르려는 그들의 의도를 좌절시켰다고 한다. (15쪽을 참조하세요.)

우리의 여행은 길이가 123m나 되는 유프라테스 강에 놓인 세상에서 가장 오래된 벽돌 다리를 보는 것으로 끝난다.

운송

바퀴의 발명으로 세상이 바뀌다

바퀴는 운송 체계의 혁명을 일으켰을 뿐 아니라 도공용 녹로에 사용되어 용기를 제작하는 데도 사용되었다. 바퀴를 바탕으로 탄생한 다른 발명품들을 살펴보면, 수차, 방직용 물레, 풍차용 톱니바퀴, 태엽시계용 톱니바퀴 등 헤아릴 수 없이 많다.

바퀴의 발명이 오늘날에 끼치는 영향은 지대하다. (105쪽을 참조하세요.)

운송 혁명은 계속된다!

특집

메소포타미아에서는 맥주도 음식이다

맥주는 원래 신들의 사원에 바치는 봉헌물로 신들의 음료였다. 또한 약으로 사용되기도 했다. 하지만 영양이 풍부하기 때문에 음료 또는 맥주빵 등의 형태로 소비되었으며, 일꾼들에게 급료로 제공되었다. 맥주는 나중에 이집트, 그리스, 로마, 갈리아, 게르마니아 등 세계 각지에서 즐기는 음료가 되었다.

메소포타미아는 맥주 애호가들의 낙원이다. 왜냐하면 보리밭의 수호자 닌카시 여신이 있어 항상 보리 풍년이 들기 때문이다.

닌카시

다음 금요일부터 최고의 맥주를 선정하는 품평회가 열리니 꼭 보러 오세요!

맥주 양조의 여신 닌카시를 만나 그녀의 최근 예언을 들어 보세요. 중세 때인 1290년에 뉴렘버그에서 맥주에 100% 보리만 사용해야 한다는 법령이 포고될 것이다.

문화

최초의 작가는 여성이다

엔케두안나라고 불리는 그녀는 아카드 왕국의 왕 사르곤의 딸이다. 그녀의 최근작은 사랑과 전쟁의 여신이자 우루크의 수호자인 이난나에게 바치는 훌륭한 작품이다. 이 작품은 문학 평론가들에게 호평을 받았으며, 이 여인은 최초로 유명세를 탄 작가로 기록될 것이다.

오, 일곱 신들의 여왕이여!
오, 빛나는 광채여, 생명의 샘물이여!
천국과 지상의 연인이여,
천국의 사제이며 딸이며 종복이여!
생명으로 충만한 보석과 왕관을 쓰고,
주군으로 태어난 그대여!
그대 팔에 일곱 신들의 수호령이 깃들어 있도다.

엔케두안나가 점토판에 쓴 시

18 / 바퀴를 최초로 이용한 문명의 연대기

천문학

최신 뉴스

- 별은 도시와 왕, 백성, 농사에 영향을 끼치는 신이다. 우리는 좋은 영향을 받기 위해 별을 숭배한다.
- 우주는 일곱 별자리로 구성되어 있다. 제미니, 스콜피오, 카프리콘과 같은 별자리 이름은 오늘날에도 사용하고 있다.
- 최초로 기록된 일식은 기원전 763년에 일어났다.
- 한 달은 7일을 한 묶음으로 하여 나누었으며, 이것이 오늘날 우리가 사용하는 주(週)의 기원이 되었다.
- 지구라트(메소포타미아의 각지에서 발견되는 고대의 성탑)는 천문대로 사용되기도 했다.

학문과 예술

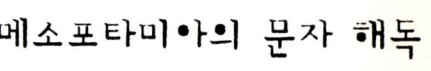

메소포타미아의 문자 해독

바그다드와 테헤란 사이의 교역로에서 발견된 그 유명한 베히스툰 석비 덕분에 메소포타미아의 신앙, 지식, 법, 그리고 문학 작품들을 해독할 수 있게 되었다. 이 석비에는 오래된 페르시아 문자, 엘람 문자, 그리고 아카드 문자로 다리우스 1세의 공덕을 기리는 내용이 씌어 있는데, 4천 년 전 수메르에서 발명된 쐐기 문자를 해독하는 열쇠를 제공해 주었다. 쐐기 문자는 주로 점토판에 씌어졌으며, 이집트 상형 문자 다음으로 오래된 문자이다.

법을 제정한 수메르인

수메르인들은 일상생활에서 일어나는 다양한 사건들을 해결하기 위해 법전을 만들었다. 이 중에서 가장 유명한 것이 바빌로니아에서 제정한 함무라비법전이다. 이 법전에는 노예 문제, 재산, 가족, 임금, 그리고 계약 등과 관련된 282개 조항이 담겨 있다. 법을 어긴 자는 경제적 보상형(은이나 곡물)이나 신체형(체벌 또는 사형)을 받게 된다. 처벌은 '눈에는 눈, 이에는 이' 식으로 가해한 것과 동일하게 이루어졌다.

아시리아

- 국민 : 강하고, 다소 거칠다.
- 나라 이름 : 아시리아. 우주의 창조자인 신 아수르에서 비롯되었다.
- 최초의 수도 : 아수르. 80개의 각종 커다란 방들과 사자, 표범, 곰, 그리고 코끼리가 사육되는 정원이 딸린 궁전이 있었다.
- 두 번째 수도 : 니네베. 인도까지 이어진 무역로와 고대 세계에서 가장 큰 도서관, 그리고 십만 명의 거주민이 있었다.
- 국가 수반 : 대왕 또는 우주의 제왕. 어떤 의식에서는 그가 신들의 종임을 일깨우기 위해 고위 사제가 왕을 채찍으로 때리기도 했다.
- 군대 : 최초로 철제 무기를 사용했으며, 성문 파괴용 대형 망치 등을 사용했다.

역사를 배우는 카드놀이

아슈르바니팔
아시리아의 마지막 왕. 고대 세계에서 읽고 쓰기를 할 줄 알았던 몇 안 되는 왕들 중 한 사람이다.

네부카드네자르 2세
바빌로니아 왕으로 유대와 예루살렘을 정복했다.

함무라비
그의 이름이 붙여진 법전으로 유명한 바빌로니아의 왕.

마르두크
바빌로니아의 신.

길가메시
우루크의 전설적인 왕. 반신반인. 거대 괴물 훔바바를 제거했다.

기하학이 발달한 연대기
이집트 문명

속보

이집트 피라미드의 미라 도굴 급증

고대, 중세 왕국의 통치자들은 피라미드에 잠들어 있다. 도굴꾼들이 왕들의 무덤까지 침입하자, 투트모세 1세는 위치를 비밀에 부친 채 테베의 어느 한적한 골짜기에 그의 묘지를 만들도록 했다.

사설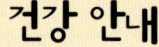

최초의 교통로

사하라 사막을 가로지르는 나일강은 세계에서 제일 길고 큰 강으로, 주변에 매우 비옥한 오아시스들이 있다. 3천 년 넘게 이어 온 파라오 왕조와 이집트인들이 쌓아올린 위대한 문명은 나일강으로부터 시작되었다. 나일강은 주변의 토지가 비옥할 뿐만 아니라, 피라미드를 건설하는 데 필요한 식량과 자재를 운반하는 교통로 역할을 하며 활발한 교역을 가져왔다. 나일강은 고대 이집트의 도시 국가가 발생하는 터전이 되었다. 나일강의 범람을 막기 위해 이집트인들은 관개수로와 댐을 건설했으며, 이러한 대형 공사를 위해서는 강력한 통치 권력이 필요했다.

나일강

건강 안내

인류 최초의 의사

임호텝은 질병의 증상과 원인을 관찰하고 치료하는 데 뛰어났으며, 의술의 창시자로 불린다. 그리스에서는 의술의 신 아스클레피우스로 알려져 있다.

이집트 기자의 스핑크스는 몸은 사자이고 머리는 사람의 형상이다.

오늘의 주요 뉴스

쿠푸왕 피라미드 완공

이집트 고왕국 제4 왕조의 파라오인 쿠푸왕은 지금까지 만들어진 피라미드 중 가장 거대한 피라미드인 자신의 무덤이 완공된 것을 기념하고자 파티를 열었다. 쿠푸왕의 피라미드는 높이가 147m로, 플로렌스의 대성당, 로마의 세인트 피터 대성당, 세인트 폴 대성당, 그리고 웨스트민스터 사원이 모두 들어갈 정도의 어마어마한 크기다.

파피루스가 다시 유행!

종이의 기원으로, 단단하고 쓰기 좋은 파피루스가 이집트 시대에 다시 인기를 얻고 있다.

더 자세한 내용은 22쪽을 보세요.

신성한 피라미드

카이로 부근의 쿠푸왕의 대 피라미드는 현존하는 7대 불가사의 중의 하나로, 유일하게 원형이 잘 보존된 유물이다. 곡물 단 모양의 원추형을 나타내는 그리스어 단어인 pyramis에서 온 피라미드는 사각형 모양의 밑면에 옆면을 삼각형 모양으로 하여 하나의 점으로 모이게 한 형태이다. 삼각형 모양은 태양신이 다른 신들을 만들어 낸 산의 모양을 나타내기 때문에 매우 중요하다. 공사는 비가 와서 강이 범람할 때만 진행된다. 피라미드는 죽은 파라오가 하늘나라에 쉽게 도달할 수 있도록 하는 묘지 기념물일 뿐만 아니라, 숭배자들을 위한 기도 장소이기도 하다.

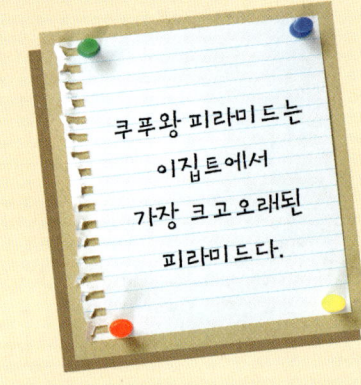

쿠푸왕 피라미드는 이집트에서 가장 크고 오래된 피라미드다.

카이로 부근의 쿠푸왕 대 피라미드는 현존하는 유일한 7대 불가사의 중 하나이다.

광고

당신은 사랑하는 사람이 죽은 후에 내세에 가기를 바라나요?

시체 방부처리 특강

● 아래 지시 사항대로 하세요

1. 시체가 부패되는 것을 방지하기 위해 시체를 건조시켜라.
2. 주요 장기를 꺼내 따로 단지에 보관하라.
3. 심장은 그대로 두어라! 죽은 사람이 다음 세상에서 심판받을 때 심장이 필요하기 때문이다.
4. 시체를 야자술과 향신료로 닦아라.
5. 시체를 보전하기 위해 송진을 부어라.
6. 시체를 마직물과 모래, 톱밥으로 채워라.
7. 시체를 마직물로 감고 나면 즐거운 여행이 시작된다.

제한 구역!

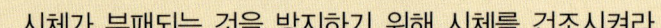

보다 자세한 정보
피라미드 52호
스핑크스 옆

설문 조사

당신의 의견은?
파라오가 이집트를 지배하는 데 찬성하십니까?

투트모세 3세(파라오)
나는 하늘에서 땅을 지배하는 신들의 후손이며, 법률의 집행자이다. 백성들을 돌보고 적들로부터 그들을 지키는 용감한 전사인 내가 이집트를 지배해야 한다.

네오프렛(성직자)
나는 성전을 관리하고 신들을 모신다. 그리고 신들의 말씀을 인간에게 전달하고 그 말씀이 실현되도록 한다. 나는 할 일이 너무 많아 다른 일은 신경 쓸 여유가 없다. 파라오는 임무를 잘 수행하고 있다.

프타호텝(귀족)
파라오가 유일한 통치자는 아니다. 우리 귀족들도 파라오를 위해 국가를 통치한다. 우리는 공무를 수행하고 운하와 댐을 건설하고 왕실의 곡물 창고를 보호하고, 세금을 거둔다.

시누헤(학자이자 서기)
아는 것이 곧 힘이다. 우리는 글을 읽고 쓰고 셈을 할 줄 안다. 우리는 파라오의 오른팔이며, 또한 백성들과 직접 소통한다. 그래서 통치가 원활하게 이루어질 수 있도록 한다.

쿤(농민)
백성들의 대다수가 농민이다. 우리는 열심히 일해서 국가에 곡물을 바친다. 우리가 재배한 곡물의 절반을 파라오에게 바친다. 파라오가 절대 권력을 갖는 것에 반대한다.

하티아(노예, 죄수)
아는 바 없다. 할 말 없다.

퍼즐

1500년 동안 풀리지 않던 수수께끼가 풀렸습니다. 뜻을 알 수 없던 문자를 해독했습니다. 장 프랑수아 샹폴레옹에게 연락해 보세요. 그리고 아래의 낱말 퍼즐에서 이집트와 관련된 8개의 단어를 찾아보세요. 그런데 이 성각 문자는 신성한 조각이라는 그리스어 hieroglyphicos에서 유래했습니다.

```
R D E L T A U P F
U M G R U V M H T
P A C X O T P A N
C L E P S I D R A
T M R P I E S O R
E V V A B U G S E
B M E N F I S L M
A O Z R T U V S U
S T A M O N E A B
```

여섯 개의 숨은 낱말: 클레오파트라, 25쪽에 있음

과학

이집트인들은 오늘날과 유사한 달력을 만들었다

매년 하지가 시작될 즈음 태양이 떠오르기 전 새벽에 시리우스 별을 잠시 볼 수 있다. 이 때가 나일강이 범람을 시작하여 건조한 대지에 새로운 삶을 불어넣어 주는 시기다. 이집트에서는 이 별이 떠오르는 날을 일 년의 시작으로, 나일강이 범람을 시작하는 날로 보았다. 나일강의 범람은 비가 오고 에티오피아 고원의 눈이 녹으면서 일어나는데 매년 정기적으로 발생한다. 이집트인들은 이 주기가 365일이라는 것을 알았다. 한 해를 12개월로 나누어 한 달을 30일로 하고, 끝에 5일의 휴일을 더하여, 이집트인들은 오늘날의 것과 거의 유사한 달력을 완성하였다.

24 / 기하학이 발달한 연대기

최후의 재판

자칼의 머리를 한 아누비스 신은 죽은 자를 안내한다

아누비스는 죽은 사람의 심장을 저울에 올려 진실의 깃털로 무게를 잰다. 심장과 깃털의 무게가 같으면 죽은 자는 정도를 지킨 것이며, 심장이 깃털보다 무거우면 죽은 사람은 죄를 많이 지은 것이다. 따오기 머리를 한 지혜의 신인 토트가 서기로 마지막 판결문을 기록한다.

기술

나일강의 범람으로 발전한 기하학

나일강의 범람은 축복이기도 하지만, 다른 한편으로는 문제를 만들어 냈다. 범람 후 물이 빠진 다음 어디서부터가 자기의 땅인지를 구분하기가 어려워졌던 것이다. 학자들은 매듭을 묶은 밧줄을 이용해 이 문제를 해결했다. 일정한 간격으로 13개의 매듭을 묶어 밧줄 하나를 12개의 일정한 구간으로 구분한다. 밧줄을 삼각형 모양으로 놓아 한쪽 변이 3구간, 다른 변이 4구간이면, 마지막 변이 5구간이 되도록 하였다.

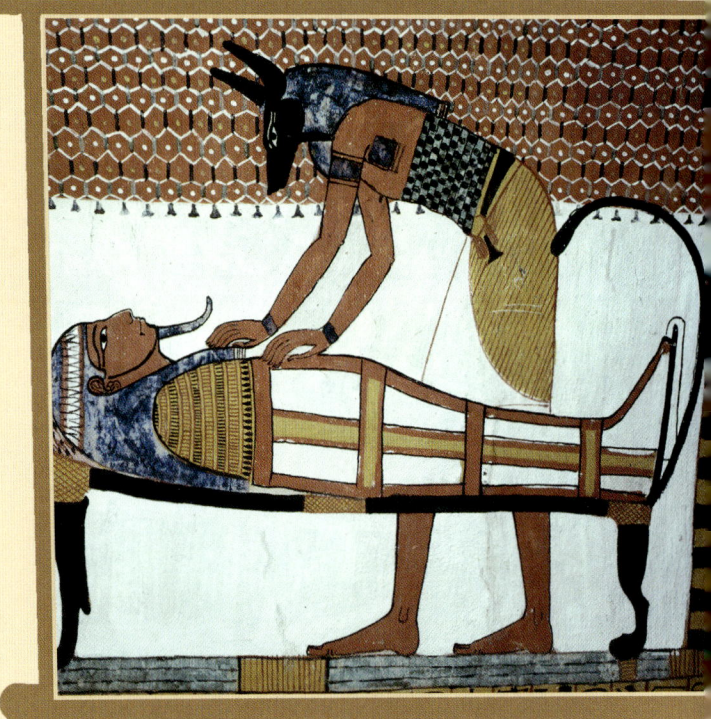

이집트 문명 / 25

23쪽으로부터 계속

퍼즐 해답

(PHAROS)
7대 불가사의 중의 하나인 180m 높이 등대로가 세워졌다.

클레프시드라(CLEPSYDRA)
이집트인들은 3500년 전에 물 항아리 모양의 물시계를 만들어 밤에도 시간을 알 수 있었다.

멤피스(MEMPHIS)
현재 카이로 옆에 있는 도시. 기자의 피라미드가 멤피스 근처에 있다.

부메랑(BOOMERANG)
이집트인들은 부메랑을 사용하였다. 부메랑은 작은 동물을 잡거나 적의 보병을 공격할 때 사용되었다.

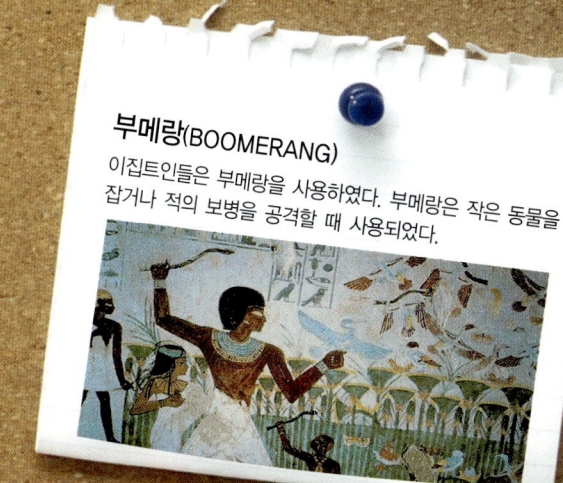

아문(AMUN)
태양의 신 '라(Ra)'와 동일시 되었다. 처음에는 다산의 신과 생명의 수호신으로 알려졌으나 후에 태양의 신으로 상징되었다.

테베(THEBES)
나일강 상류 동쪽 강변에 위치한 도시. 새로운 왕국의 통치자들은 화려한 무덤을 왕들의 계곡에 만들었다.

델타(DELTA)
델타는 그리스 알파벳 중 네 번째 글자이며, 삼각형 모양이다. 대부분의 삼각주처럼 나일강의 삼각주도 삼각형 모양을 하고 있다.

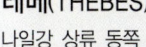

맥주(BEER) 이집트인들이 맥주를 발명했다.

아주 오래된 문화의 연대기
인더스 문명

사설

인더스 계곡의 고대 문명은 수메르 문명과 교역을 했다. 정확한 이유는 알 수 없지만, 인더스 문명은 홍수나 카스트 제도를 만든 아리아인의 침입에 의해 쇠퇴한 것처럼 보인다. 인도는 아리아, 그리스, 훈족, 아랍, 몽고로부터 여러 차례 침입을 받았지만, 이 모두를 수용했다. 인도는 영적인 존재의 출생지이다. 불교의 창시자인 부처가 탄생한 곳이다. 인도는 찬란한 고대 문명들이 서로 동화되어 하나가 되는 곳이다.

싯다르타 고타마(부처)는 불교의 창시자이다.

섬유

목화솜

인도는 목화의 원산지로 알려져 있다. 목화는 가장 오래된 작물로, 인더스 문명에서 최초로 섬유 작물 재배를 시작하였다.

기술

가장 오래된 화장실

고대 인도의 도시인 모헨조다로와 하파에는 4만 명의 주민이 거주했는데, 집집마다 하수구와 연결된 화장실이 있었다. 그들은 또한 벽돌과 보석 장신구를 만들었으며, 두 개의 바퀴가 달린 손수레를 사용했다.

인도인들은 서방에서 오지 않았다

특종

인디아라는 이름과 인도의 대표적 종교인 힌두교는 인더스 계곡 문명에서부터 시작되었다. 이 계곡을 아리아인들의 언어인 산스크리트어로는 신두(Shindu)라 불렀다. 이 이름이 고대 페르시아에서는 힌두(Hindu)로 라틴어로는 인디아(India)가 되었다.

아메리카 인디언

캐나다 / 아메리카 인디언들이 점령한 지역 / 미국 / 멕시코

종교

기도하는 소

고귀한 자를 의미하는 아리아인들은 베다 경전이라 불리는 네 권의 종교 서적을 갖고 있다. 이 중 가장 중요한 경전은 리그-베다 경전인데 아리아인들이 태곳적에 원시 부족 상태로 살던 때에 대해 언급하며 그들을 칭송하고 있다. 인도인들이 가축들을 숭배하는 전통은 이런 태곳적에 생겨났다. 힌두교의 비폭력 원칙은 동물들을 죽이는 것을 금하고 있으며, 특히 소는 신성시되기 때문에 특별한 보호를 받는다.

인도의 인디언

인도 / 인더스 계곡

설문 조사

인도의 카스트 제도는 유지되어야 한다고 생각합니까?

인도의 인류학자
아리아인들에게 점령당한 인더스 계곡에 원래 살던 사람들을 다사스 또는 다슈라고 불렀는데, 이는 검은 피부라는 뜻의 단어였다가 후에는 노예라는 뜻으로 사용되었다. 카스트 제도는 이러한 피부 색깔에 따른 구분이었다. 이 제도는 3천 년 동안 이어져 오고 있으며, 카스트 제도를 폐지하기 위한 시도가 있어 왔다.

브라만
물론 신께서 브라만이라는 계급을 명하신 것이며, 우리는 신들의 신성한 힘을 전달하는 전달자로서 이 곳에서 신들을 대신하는 것이다.

크샤트리아
특별히 할 말은 없다. 우리는 영토의 지배자이며, 브라만의 법이 인도 전역에 미칠 수 있도록 하는 것이 우리의 임무이다. 비록 이를 위해 우리가 전쟁을 하고 목숨을 잃게 되더라도 우리는 이를 위해서 태어났으며, 이것이 우리의 소임이다.

바이샤
교활한 여우 같은 자들이 계율이나 의무에 대해 이야기한다. 농민, 기술자, 상인 계급인 우리들이야말로 진정으로 윤회할 가치가 있는 사람들이다. 이 나라의 발전은 우리 덕분이다.

수드라
카스트 제도는 우리를 노예 계층으로 떨어뜨린 사회적, 인종적 차별이다.

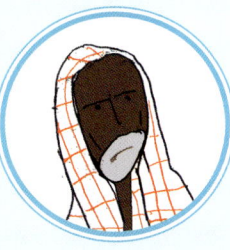
파르자니아(불가촉천민)
카스트 제도로 2억4천만 명의 사람이 차별받고 있다. 우리는 이 사회에서 아무런 권리도 없다. 하지만 지금까지 어느 누구도 출생과 직업에 따른 이 고대의 계급 구조에 이의를 제기하지 않는다.

정치

부처와 인도의 인종차별 정책

카스트 제도에 의해 생겨난 빈곤은 개혁가의 탄생을 가져왔다. 불교 경전은 성직자의 힘을 따르거나 신에 대한 희생을 요구하지 않는다. 오히려 개인의 윤리적인 행동에 기반을 두고 있다. 카스트 제도와 같은 차별을 반대하므로 이러한 가르침은 대중적인 호응을 얻는다.

위대한 성자들의 삶 (비디오)

위대한 영적 지도자 부처

무료 책자
《3주 만에 공중부양하기》

제비뽑기에 참여하고, 〈비폭력〉 주말 관람권 2장을 받아 가세요.

줄거리 요약

싯타르타 고타마는 귀족의 삶에 만족하지 못했다. 그는 자신을 부정함으로써 구원의 길을 찾는 금욕주의에 입문하였다. 그러나 금욕주의는 바른 길이 아니었다. 그래서 대신 명상을 시작하였다. 그는 49일 동안 나무 아래서 명상 수행을 하였다. 마침내 그는 깨달음을 얻었다. 그리고 그는 이 세상은 인간의 욕망 때문에 생겨난 고통으로 가득하다는 것을 알았다. 고통으로부터의 해방은 오직 이 욕망을 포기해야만 가능하다.

부처의 새로운 얼굴

불교를 홍보하기 위해, 부처는 자신이 신이 아니라고 했음에도 불구하고 불상이 만들어졌다. 인도의 유명한 스타일리스트인 라시드 밸루즈가 그의 작품을 공개했는데, 그리스의 아폴로를 모델로 하여, 지그시 감은 눈과 부처의 상징적인 미소를 더했다.

역사가 라바푸트라 라마와의 인터뷰

- 아소카는 누구입니까?
- 마우리아 왕조의 왕이다. 그는 칼링가 전투의 참사 이후에 불교를 받아들였다. 그 후로 그는 전쟁을 중단하고 모두에게 공평한 인간의 권리를 공표하였다.
- 굽타 왕조는?
- 인도 최고의 황금기이다. 학자들은 지구가 둥글고 태양의 주위를 자전하며 돌고 있다고 했다. 또 그들은 0을 포함하는 새로운 숫자 체계로 태양력을 계산했는데, 아라비아 숫자로 알려진 이 숫자는 사실 힌두 숫자이다.

종교

인도의 3대 신

브라흐마
창조의 힘

비슈누
보존의 힘

시바
파괴의 힘

오늘의 한 마디

우리가 이번 생에서 어떻게 행동하는가에 따라 우리가 다음 생에서 어떻게 환생할지가 결정된다.

절대적이고 보편적인 정신과 거룩한 삼위일체는 힌두교가 불교의 출현에 맞서기 위해 변화를 수용할 때부터 나타난 개념이다. 3신은 창조와 보존과 파괴의 생명 주기를 나타낸다.

제국의 왕조들에 관한 연대기
황하 문명

사설

3500년 전 황하강 유역에서 시작된 문명은 현재까지 이어지고 있다. 중국은 세계에서 가장 오래된 나라이다. 중국 사람들은 중국이 문명의 중심이라 믿었기 때문에 자신들이 사는 나라는 세계의 중심에 위치하고 있다는 뜻에서 중국이라 불렀다. 중국은 사막(고비)과 산악 지역(히말라야)과 바다(태평양)를 경계로 하고 있다. 중국의 만리장성은 훈족으로부터 북쪽 지역을 지키기 위해 건설되었다. 만리장성은 우주선에서 볼 수 있는 지구의 유일한 건축물이다. 중국의 4대 발명품은 종이, 인쇄술, 화약, 나침반이다.

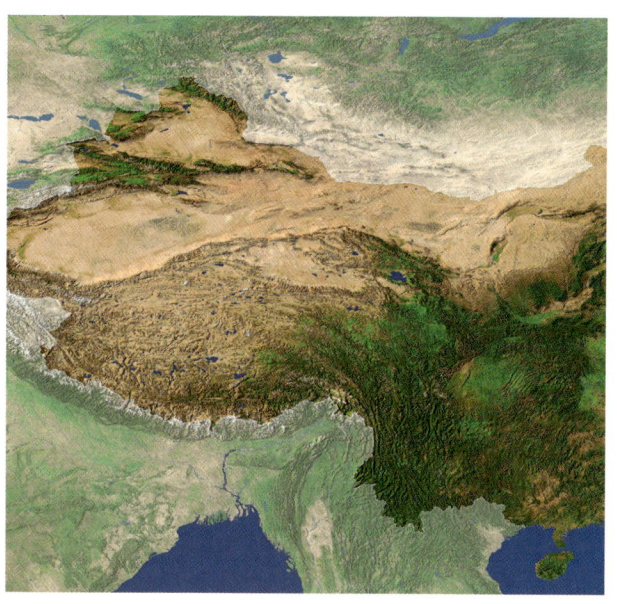

하나라, 상나라, 주나라는 황하강 유역에 세워진 최초의 왕조이다.

발명품들

고대 중국에서는 말을 탈 때 등자(말을 타고 앉아 두 발로 디디게 되어 있는 물건)를 사용했는데, 이것이 훈족과 페르시아에 전해졌다.

등자의 발명

등자는 말을 탄 사람이 말을 쉽게 다룰 수 있도록 해 주어 전술 측면에서 위대한 발명품이다. 등자의 발명으로 훗날 전쟁에서 기병대가 막강한 힘을 갖게 되었다.

건축 양식과 건축물

풍수와 나침반

중국인들은 자력에 대해 가장 먼저 알았다. 중국인들은 2천 년 전부터 건축물과 무덤을 지을 장소를 선택하면서 나침반을 사용하였다. 나침반이 항해 도구로 사용되기 1천 년 전의 일이다.

최초의 나침반은 자력을 가진 바늘을 물을 담은 그릇에 띄워 놓은 형태였다.

스페셜 리포트

세계에서 가장 긴 묘지

훈족의 조상이자 중앙아시아의 유목 민족인 흉노족의 잦은 침입과 약탈로 인해 중국의 황제는 2,250km에 달하는 긴 성을 쌓도록 했다. 많은 백성들이 공사 현장에서 강제 노역을 해야 했고 많은 사람들이 죽었다. 만리장성은 세계에서 가장 긴 묘지로 알려지게 되었다.

만리장성을 쌓는 데 1천 년 이상이 걸렸다.

종이의 발명

종이는 아주 특별한 발명품이다. 처음에는 나무껍질, 마, 천, 낡은 그물망으로 만들어졌다. 105년경에 발명되었다고 하는데, 서양에서는 600년 후에 사용되었다.

종이 제조법은 50년 동안 중국인에 의해 철저한 비밀로 지켜졌다.

6주 동안 중국어 배우기

광고

중국어는 상징으로 표현된다. 이런 방법은 말을 기록하기에 조금 곤란할 수 있다. 특히 추상적인 개념은 그렇다. 그러나 중국 사람들은 이를 표현하는 독창적인 방법을 만들어 냈다.

族	父	母	子	男	女	祖
가족	아버지	어머니	아들	남자	여자	할아버지

밝다는 것은 태양과 달의 형상으로 표현하였으며, 동쪽은 나무 뒤에 태양이 있는 모습으로, 갈등은 한 집에 두 명의 부인이 있는 모습으로 나타냈다.

하나로 통일된 강한 나라를 위하여

선거

진나라에 한 표를! 최초의 황제를 위하여!

성명

- 전국 시대 이후 중국을 통일하고 나라 이름을 진나라로 한다.
- 야만족의 침입을 막기 위해 만리장성을 건설한다.
- 도로와 운하를 건설하고 중국의 문자를 통일한다.
- 유교 서적을 불태운다.
- 지지자에게는 보상을 하고 반대하는 사람에게는 벌을 준다.
- 불멸을 추구한다.
- 황제가 죽으면 7천여 명의 병마용 군사들과 함께 묻힌다.

황제의 무덤

병마용 군대

진시황은 자신의 시신을 보호하기 위해 특별한 무덤을 만들었다. 수천 명에 달하는 사람들이 7500명의 보병, 궁수, 관리, 이륜전차, 전사와 말을 실물 크기로 조각했다. 누구라도 그의 무덤에 침입하려고 하면, 석궁이 자동으로 발사되도록 장치되어 있다. 또 수은으로 양쯔강의 모양을 본떠 만든 강도 있다.

병마용갱은 1974년에 발견되었다.

전시회

전시회를 놓치지 마세요!

중국 최고의 발명품

다음 토요일 개관
최고의 문화 유산을 감상하세요

- 손수레 : 유럽에서는 1300년 후에나 발견할 수 있다.
- 나침반 : 금속이 박힌 나무 물고기가 물 그릇 위에 떠 있다.
- 화약 : 초석, 유황, 석탄으로 이루어져 있다. 무기로 사용되기 전에는 연금술과 약에 사용되었다.
- (배의) 방향 키 : 1세기에 발명되었는데, 유럽에서는 1180년경에 발견되었다.
- 연 : 중국인들은 최초의 비행 물체를 발명했다.
- 낚싯대 릴 : 전쟁에서 적에게 창을 던진 후 다시 회수하기 위해 사용되던 장치에서 고안되었다.
- 우산 : 비와 햇빛을 가리기 위해 만들었다.

지질학

역사상 최초의 지진계

왕실 천문학자 장형은 진자가 있는 청동으로 된 화병 모양의 용기 둘레에 여덟 마리의 용의 머리를 일정한 간격으로 두었다. 여덟 마리의 용은 입에 구슬을 물고 있다. 지진이 발생해서 진자가 움직이면 그 공은 아래에 있는 개구리의 입 속으로 들어가게 되고 이를 통해 진동의 방향을 알 수 있다. 정부는 물자의 부족으로 폭동이 일어나는 것을 방지하기 위해 그 지역으로 군대를 보낼 수 있게 되었다.

웰빙

음과 양의 조화

세상이 시작되기 전에 혼돈이 지배하고 있었다. 그 혼돈은 음과 양으로 나뉘어 있는데, 양은 땅을 나타내며 무겁고, 음은 하늘을 나타내며 가볍다. 양은 남성적이고 자연의 건조하고 밝은 요소와 관련이 있고, 음은 여성스럽고 습하고 어두운 요소를 나타낸다. 결국, 음과 양의 균형 없이는 완벽한 조화란 있을 수 없다.

인터뷰

고대 중국의 사상

천국 대학의 교수 홍박사께 물어 봅시다.

도교란 무엇입니까?

'도'란 모든 사람은 사람이 만든 법이 아니라 자연의 법에 따라야 한다는 것이다. 이 세상의 모든 사물은 타고난 본성이 있고, 인간은 자연과 조화롭게 살아야 한다는 것이다.

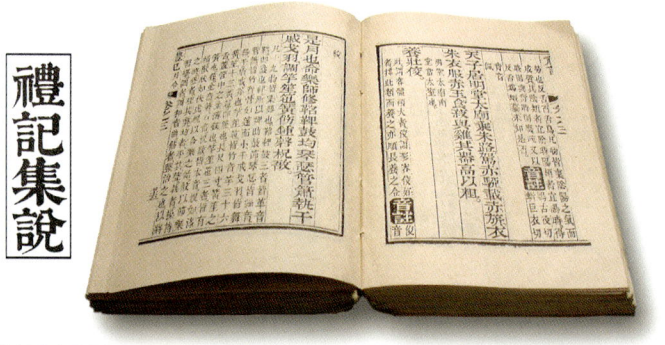

유교란 무엇입니까?

유교는 공자에 의해 체계화된 행동 강령으로, 무력이 아닌 인본주의 통치 사상에 기반을 둔다. 가정이 화합한다면 국가는 화합할 것이다. 통치자는 아버지처럼 자비롭게 다스려야 한다. 개인은 사회적 지위가 아니라 배움과 재능에 따라 평가받아야 한다.

불교란 무엇입니까?

불교에서 사람은 환생을 통해 여러 번 다시 태어난다고 한다. 이번 생에서 선행을 하면 다음 생에서 보상을 받는다는 것이다. 각각의 삶은 자기 완성을 위한 끊임없는 투쟁이다.

운세

12간지로 알아보는 운세

중국인들은 조상을 모시며, 일상생활에 관해 조상님께 조언을 구한다. 그들은 운세를 알아보기 위해 쥐, 소, 호랑이, 토끼, 용, 뱀, 말, 양, 원숭이, 닭, 개, 돼지인 12간지를 이용하는데, 이 동물들을 생년월일과 연결한다.
중국인들은 지구에 무슨 일이 일어날지 예측하기 위해 하늘을 관찰한다.

날씨

황제에게 좋은 날씨는 중요하다

황제는 통치하기 위해서 신의 동의가 필요하다. 이것은 하늘의 명령으로, 황제는 그의 권력을 하늘에 있는 조상으로부터 받는다고 알려졌다. 백성들은 포악하거나 힘이 약한 통치자에 대항하여 반란을 일으킬 수 있다. 하늘은 지진, 가뭄, 기아, 홍수로 불만을 나타낸다.

최신의 의학적 성과

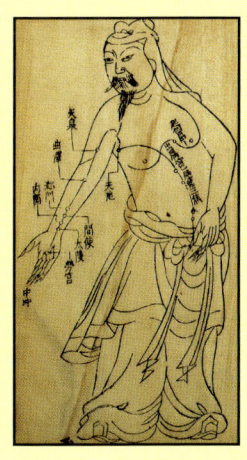

신체 주기

중국의 의사들은 우리 몸이 24시간 주기를 가진다는 24시간 주기 리듬을 발견하였다. 수면, 깨어 있는 것과 낮 동안의 기분이 모두 이 주기 리듬에 의해 결정된다.

침술

중국의 의사들은 신체 에너지는 몸의 12개 자오선을 따라 흐른다고 믿는다. 그들은 특정 질병을 치료하기 위해 몸에 침을 놓는다.

침술은 오래된 중국의 치료법으로 치료를 목적으로 침을 사용한다.

차오-린
중국 전통 의학센터

침술과 다른
고대 대체 의학 요법

신성한 도시에 관한 연대기
크메르 제국

사설

인도와 무역을 했던 크메르 제국은 종교 및 화려한 건축 양식 등 여러 방면에서 인도 문화를 흡수했다. 자야바르만 2세는 왕위에 오른 후 자신을 신격화 하였다. 그는 자신이 시바신의 화신으로 우주를 보존하는 신이며, 세계 질서에 큰 변화가 생길 때마다 환생한다고 하였다. 백성들은 앙코르에 거주하는 신왕을 모셨다. 앙코르의 사원은 1861년 프랑스 탐험가 앙리 무오에 의해 재발견되었다. 이전에 이 곳을 다녀간 여행가들은 정글 속에 사라진 도시가 있다고 주장했다.

앙리 무오는 희귀한 나비를 뒤쫓아가다 폐허가 된 앙코르 와트를 발견했다고 한다.

날씨

열대 몬순 기후

물은 생명을 유지하는 데 매우 중요하다. 5월부터 10월까지 이어지는 우기에 메콩강은 범람하며, 이 범람으로 벼농사를 짓는 평야는 비옥한 흙으로 덮인다. 나가(Naga)는 신화 속의 뱀으로, 물에 생명을 주는 유익한 뱀이다.

천상의 무희

레저

압사라는 왕 앞에서 춤을 추는 천상의 여인으로 그녀의 춤 동작은 왕을 축복하기 위한 것이다.

앙코르 와트 사원의 벽면에는 신들에게 즐거움을 선사하기 위해 춤을 추는 압사라는 천상의 무희들의 모습이 새겨져 있다.

동양의 불가사의

건축, 장식, 인테리어

힌두 신화에서 앙코르 와트는 신들이 거주하는 신성한 산을 상징한다.

앙코르 와트는 사원의 도시로 신왕들이 거주하는 장소이며, 사후에는 신들의 세계로 가기 전에 시신을 매장하는 장소이다. 건물에는 힌두 신화의 상징들과 크메르의 전쟁 장면들이 조각되어 있다. 하늘을 향하고 있는 5개의 탑 구조로 된 피라미드 형식의 건물들은 힌두교의 신성한 산을 나타낸다. 사원을 교외 호텔로 만들려는 시도가 있었지만 이루어지지 않았다.

크메르의 독재자

앙코르 톰 사원에는 왕의 거대한 석조 얼굴상이 누대들의 사면과 도시 성벽 네 모퉁이, 모든 접근 지점, 그리고 동서남북 사면에 새겨져 왕의 마력을 발산하도록 되어 있다.

태양의 왕과 왕비가 하늘의 궁전에서 몰래 만남을 가졌다는 소문이 있다.

경전, 주문, 열반에 관한 연대기
티베트

세계에서 가장 높은 히말라야 산맥.

주요 기사

티베트 사람들은 같은 말을 되풀이하는 것을 좋아한다. 널리 알려진 진언이나 자주 암송되는 짧은 노래는 불교 신자들에 의해 유행되었는데, 사실은 나쁜 생각들을 쫓아 버리기 위해 암송된다. (40쪽에서 계속.)

옴 마니 베메 훔
옴 마니 밧메 훔

라마는 병마를 쫓기 위해 아침마다 이 진언을 800번씩 암송한다.

사설

히말라야는 산스크리트어로 눈의 계곡이라는 뜻이다. 이 산맥은 세계의 지붕이라고 불린다. 고도 3000m인 이 곳에서 티베트 사람들은 심오한 종교적인 문화를 발전시켰다. 원래 티베트 사람들은 샤머니즘을 믿었는데, 후에 그들에게 왕과 정신적인 지도자가 생겼다. 가장 중요한 라마(스승)는 달라이 라마인데, 지혜의 바다라는 의미이다. 라마는 여러 형상의 부처나 신성한 인물이 환생한 것이다. 하늘에 닿을 만큼 높은 곳에 위치한 티베트에서 불교는 아시아와 세계로 뻗어 나가고 있다.

사라지는 직업

주술사

현대 기술의 발전으로 주술사라는 직업은 설 자리를 잃게 되었다. 주술사는 물질 세계와 정신 세계를 연결하는 일을 한다. 우리 눈에 보이는 세상은 눈에 보이지 않는 힘들과 혼령들로 충만해 있는데, 일상에서 일어나는 모든 일들은 이런 존재들의 영향을 받는다. 티베트의 샤머니즘을 뵌교라 하는데, 티베트 불교 수행 방식에서 그 모습을 찾아볼 수 있다.

과학과 진화

티베트인의 조상은 원숭이와 마녀이다?

전설에 의하면 원숭이와 마녀가 최초로 티베트에 정착했다고 한다. 절반은 원숭이이고, 절반은 마녀인 후손들이 여러 번의 윤회를 통해 현재 사람의 모습으로 되었다고 한다. 일곱 하늘나라 왕국에서 온 신들이 그들의 지도자가 되어 농업, 불, 의술, 철기, 정치적 계략 등 우주의 이치와 자연을 다스리는 방법을 가르쳤다.

부처의 궁전

산스크리트어로 관음보살이 거주하는 섬이라는 뜻인 포탈라는 한때 달라이 라마가 거주하던 궁전이었다. 유네스코 세계문화유산으로 등록되어 있으며, 달라이 라마가 거주하던 백궁, 경전이나 부처님의 말씀을 암송하던 홍궁, 그 밖에 아름다운 건물들로 이루어져 있다.

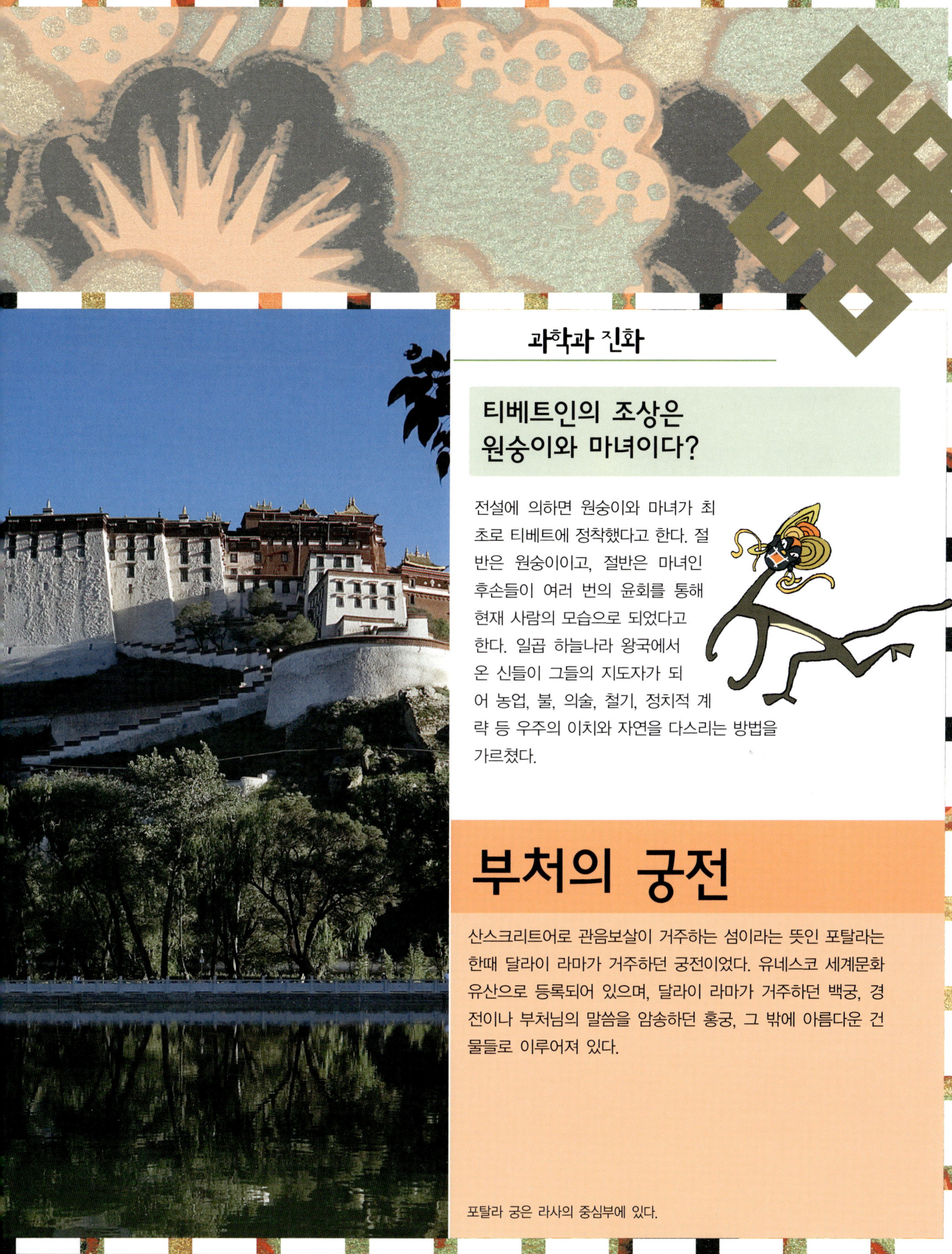

포탈라 궁은 라사의 중심부에 있다.

40 / 경전, 주문, 열반에 관한 연대기

최고 인기 주문들

주문을 암송함으로써 불교 신자들은 긴장을 풀고 일상생활을 준비한다. '만'은 산스크리트어로 마음, 정신이라는 뜻이며, '트라'는 '자유롭게 하다'라는 뜻이다. 주문을 외우는 것은 어떤 습관에 대한 마음을 자유롭게 해 주는 방법이다. 사실 주문은 마음을 보호한다.

불교에서 '옴'의 상징은 신의 존재를 나타내는 주문이다.

국제 정치

칭기즈 칸, 올해의 불자

칭기즈 칸은 초원에서 가장 두려운 존재로 알려져 있다.

불교는 몽고에서 인기를 얻었다. 몽고군이 아시아와 유럽의 절반을 공포에 떨게 한 것을 보면, 불교와 불교의 비폭력주의는 몽고인들에게 꼭 필요한 것처럼 보인다. 놀랍게도 위대한 칸은 중국과 티베트를 침공한 이후 티베트의 정신적 지도자에게 달라이(몽골어로 바다) 라마(티베트 어로 현명한 사람 또는 지도자)라는 칭호를 봉헌하였다.

저승으로부터의 뉴스

삶의 예술과 함께 죽음의 예술에 대한 새로운 안내서가 출간되었다.

내세로 가는 여행에 대한 흥미진진한 새로운 안내서
죽은 지 49일이 지나면, 죽은 사람은 미처 마치지 못한 일을 끝내기 위해 다시 환생한다. 환생을 통해 우리의 마음을 정화하기 위해 한 단계씩 나아가는 것이다.

바르도 토돌
티베트의 내세로 가는 여행

▶ 39쪽에서 계속

티베트의 전설

전설에 의하면, 티베트 사람들은 마녀와 원숭이의 후손이라고 한다. 하지만 이 원숭이가 히말라야 설인 예티는 아니다. 티베트와 네팔 신화의 설인은 두 발을 가진 거대한 유인원인데, 사실은 캐나다의 웬디고, 시베리아의 추추나, 그리고 록키 산맥의 빅풋 등 이 모든 상상의 짐승들과 관련이 있다.

불교와 티베트의 정수

에스투파 — 부처의 유물을 보관하는 원시 유물로, 고대 고분의 모양을 하고 있다.

경전 — 부처님의 말씀. 깨달음을 얻도록 돕는다.

깨달음 — 지혜를 얻는 것.

라사 — 티베트의 수도.

야크 — 털이 많은 소과의 동물. 야크 젖은 분홍빛이다.

지난 1천 년 동안 가장 위대한 인물, 롭상 가초 대왕

통치 권한을 부여받은 롭상 가초는 포탈라궁을 건설하고 나라 전체를 비무장화했다. 그리고 수도원을 세우고 비폭력 정책을 계속 유지했다. 그는 몽고에 불교를 포교하고 중국 황제가 달라이 라마를 정신적 지도자로 여기도록 하는 업적을 남겼다. 티베트는 몽고의 평화를 회복시키고 비무장화하는 데 큰 역할을 하였는데, 이는 역사상 가장 큰 변화 중 하나이다.

롭상 가초 대왕은 5대 달라이 라마이다.

일본 열도에 관한 연대기
고대 일본

지정학적 위치로 인해 일본은 잦은 지진과 화산 활동이 일어난다.

일본을 방문하세요. 우리가 당신을 기다리고 있습니다. 당신이 운이 좋다면, 화산 활동을 경험하실 수 있을 것입니다.

사설

지진과 화산 폭발은 일본 열도의 특징으로, 이로 인해 일본 문화에는 아직도 원시적 신앙이 존재한다. 일본의 토속 종교인 신토에서 자연은 신성한 것이다. 그것은 일본 주민들을 공포에 떨게 하는 '보이지 않는 힘들'을 길들이는 한 가지 방법이다. 6세기에 백제를 통해 일본에 문화와 불교가 전해졌다고 한다. 일본은 숲과 산이 많아서 중앙과 떨어져 자기 지역에 기반을 둔 집안들끼리 천황의 권력을 차지하기 위해 전투를 벌였다. 이 중 권력을 쟁취한 집안이 쇼군이라는 군정 장관이 되었다.

스포츠

스모와 신토 사원

벚꽃 축제 기간 중 열흘 동안 일본의 가장 오래된 스포츠인 스모 경기가 있다. 신토의 승려 복장을 한 심판이 토너먼트를 진행한다. 상대편 선수를 링 밖으로 밀어내거나 발을 제외한 신체의 다른 부분을 땅에 닿게 하면 이기게 된다.

극장과 공연

남자만이 배우가 될 수 있다!

가부키(전설이나 서사시를 바탕으로 한 연극 형태. 춤이나 꼭두각시 무용에서 유래.) 배우는 무대에서 제멋대로 행동할 수 있었기에 쇼군은 오직 남성만이 배우가 될 수 있도록 정했다.

인물

일본의 무사 사무라이

사무라이는 검술과 궁술을 연마한 용감한 전사들이다. 그들은 종종 스스로의 인내심을 시험하기 위해 단식한다. 사무라이가 따르는 신사도는 전사의 행동 규범인데, 그들은 종교적으로 헌신하는 자세로 의무를 수행한다. 그들에게 칼은 아버지가 아들에게 물려주는 가장 소중한 물건이다. 사무라이는 적과 결투하기 전에 그의 이름과 가문, 그의 영웅적 행동을 알린다. 승자는 패자의 목을 베기 전에 패자를 칭찬한다.

정치

허수아비 천황

오랜 전쟁 끝에 세 개의 중요한 가문이 일본에 평화를 가져왔다. 도쿠가와 이에야스가 첫 쇼군으로 군정 장관이다. 쇼군은 19세기 중반 미국 군함이 교역권을 획득하고 천황에게 권력을 돌려줄 때까지 유지되었다.

자연 숭배

토착 신앙

일본에서 가장 오래된 종교는 신토 신앙으로 '신의 길'이란 의미이다. 신토 교인들은 가미라는 정령을 믿고 숭배한다. 이 정령은 하늘에도 폭포에도 산에도 커다란 나무에도 존재한다. 자연 숭배는 신토 신앙의 중요한 개념이다.

도리이는 신토 사원의 입구에 있는 문으로, 속세에서 신성한 곳으로 이행하는 것을 상징한다.

>>>스포츠

검도
제1회 국제 검도 대회

- ▶ 일상의 스트레스에 지쳤습니까?
- ▶ 당신의 생활이 너무 복잡합니까?
- ▶ 해야 할 의무 때문에 큰 부담을 느낍니까?
- ▶ 우리 다도 모임으로 오세요.
- ▶ 긴장 해소를 보장합니다.

이 오래된 전통은 명상을 하는 동안 졸음을 방지하기 위해 차를 마셨던 선승에 의해 시작되었다. 오랜 시간에 걸쳐 차를 준비하는 것은 하나의 예술 형식이 되었다. 찻물을 끓이는 것부터 차를 대접하는 방식 하나하나까지 주의를 기울인다. 다도는 일반 대중들에게는 긴장을 해소하고 평화로운 상태에서 명상할 수 있도록 하여, 잠시 동안이라도 일상생활에서 오는 스트레스를 잊도록 하는 것이다.

스트레스 해소 요법

지난 토요일 카나자와에서 제 1회 검도 대회가 열렸다. 참가 선수들은 정신력이 가장 치명적인 무기임을 보여준다.

검도는 불교의 '마음을 비운다'는 가르침을 바탕으로 하고 있다. 빠르게 움직이는 적과 싸울 때 생각할 시간이 없기 때문에, 자신의 반사 신경을 믿어야 한다. 검도는 일본 무술의 정수를 표현한 것이다.

고대 일본 / 45

선문답 코너 - 답 없는 질문

모든 것이 선이다!

선승들은 깨달음을 얻기 위해 파라독스, 모순, 답 없는 질문(임제종에서는 화두라고 함.)을 함으로써 정신적인 불일치를 만들어 냈다. 선은 서양에 가장 잘 알려진 불교 종파이다. (인도와 불교를 참조하세요.)

한 손으로 손뼉을 치면 어떤 소리가 날까?

화두란 보기에 뜻이 없는 질문이다. 수행자는 일상생활의 사소한 일들을 초월하여 깨달음과 직관적인 분별을 얻을 때까지 명상과 집중을 통해 답을 구해야 한다. 화두는 수행자가 궁극적인 목적인 깨달음을 얻도록 도와 준다.

일본의 불교

간추린 뉴스

| 불교의 복잡한 믿음은 신토와 비교하면 훨씬 흥미롭다. | 사람들은 누구나 부처님께 불공을 드리면 극락 세계에 갈 수 있다고 믿는다. | 선불교의 엄격한 수행은 사무라이의 관심을 끌었다. |

만다라는 불교에서 작은 우주와 광대한 우주를 나타내는 형상으로 명상에 사용된다.

샴바라는 파라다이스를 형상화한 신화에 나오는 불자들의 왕국이다.

전형적인 복장에 칼을 차고 명상을 하고 있는 사무라이.

뉴스 속보 : 일본 역사의 시대적 구분

헤이안 시대 : 790~1185년. 수도는 헤이안쿄로 평화와 고요의 도시라는 의미이다. 천황이 통치한다.

가마쿠라 시대 : 1185~1333년. 미나모토 가문이 권력을 차지하고 막부의 수장을 일본 최고의 쇼군이라 선언하였다. 수도는 도쿄 근처의 가마쿠라이다.

무로마치와 모모야마 시대 : 1336~1603년. 두 왕실 사이에 대립이 있었다. 전쟁으로 불안한 시기. 선불교가 꽃을 피웠다.

에도 시대 : 1603~1867년. 도쿄라는 명칭을 사용했다. 일본을 세계와 고립시켰다. 외국인이 일본에 들어오는 것도 일본인이 외국으로 나가는 것도 금지했다.

도쿄는 현재 세계에서 매우 역동적인 도시이다.

불꽃처럼 타오르는 문명의 연대기
페르시아 제국

사설

한 민족이 메디아와 페르시아 왕국 두 나라를 건설한다. 오늘날 아리안족의 땅인 이란이다. 페르시아의 키루스 왕(재위 기원전 559~기원전 529년)이 메디아 왕국을 정복하고, 이오니아와 금이 풍부한 리디아 왕국을 예속시키고, 마침내 바빌로니아를 차지한다. 페르시아인들은 제국을 이집트에서 인도까지 확장한다. 그리고 아시아와 유럽 간의 고대 무역 경로를 만든다. 그들은 숙련된 기병이자 예술가이며, 게다가 위대한 입법자이다. 모든 종속 국가들은 전 영토에 걸쳐 그들이 만든 법을 채택했다.

속보 불멸의 군대 형성

페르시아 군이 불사신이라는 소문이 퍼지자 스파르타, 이집트, 바빌로니아 군인들 사이에 두려움이 생겼다. 페르시아 제국의 왕실 친위대들이 '불사신'이라고 알려졌는데, 이는 그들 중 한 명이 전투에서 전사하자마자 즉시 다른 사람으로 대체되었기 때문이다. 그들은 늘 1만 명의 수를 유지했다.

다리우스 왕과 아테네인들 간의 마라톤 전투(기원전 490년)는 페르시아 – 그리스 간 첫 전쟁이었다.

경제

세계에서 가장 강력한 페르시아의 통화

다리우스 왕을 기려서 이름 붙인 다릭(Daric)이 첫 국제 통화 단위가 되었다.

왕만이 금화를 찍어낼 수 있었다.
만약 다른 누군가가 찍어낼 경우에는 반역 행위로 간주되었다.

지혜의 신 아후라 마즈다

예언자 차라투스트라(조로아스터의 페르시아 이름)는 지혜의 신 아후라 마즈다라는 선의, 빛, 진리의 최고의 신에 대해서 설파한다. 악, 어둠, 거짓 또한 존재하므로 사람들은 죽음을 맞이할 때, 지상에서의 그들의 행위에 따라 천국에 가거나 처벌을 받는 둘 중 한 길을 택해야 한다. 불은 이 지혜로운 신의 진리를 나타낸다.

경제

페르시아의 공물 징수

페르시아의 우두머리는 왕 중의 왕이다. 제국은 20개의 관할 구역으로 나뉘고, 각 관할 구역은 왕의 이름으로 행세하는 총독에 의해 다스려진다. 각 지역은 공물을 내야 한다. 공물 징수 및 관료들의 충성심의 확인을 위해 왕의 '귀'라고 알려진 스파이 망이 깔려 있었다. 다리오 1세는 관할구들의 조직을 명확하게 정비했다. 총독은 왕이 직접 뽑는데, 대체로 귀족 출신이었다. 그들은 사법 및 행정을 담당하고, 세금을 징수하고, 공공질서를 책임지고 군대의 모집이나 유지를 담당했다.

관할 구역별 공물 징수

지역	공물	지역	공물
메디아	그릇, 검, 팔찌, 천	박트리아나	그릇, 낙타
이오니아	그릇, 직물	가다라	황소, 방패, 창
엘람	활, 단검, 사자	파르티아	그릇, 낙타
스키타이	말, 팔찌, 천	사가르티아	천, 말
아르메니아	말, 그릇	코라스미아	무기, 말, 팔찌
이집트	직물, 황소	인도	노새, 도끼, 금가루
아리아	그릇, 낙타, 사자 생가죽	속디아나	무기, 팔찌, 말
카파도키아	말, 천	아라비아	직물, 낙타, 향
바빌로니아	그릇, 직물, 황소, 환관	카리아	무기, 수레
리디아	그릇, 팔찌, 수레	리비아	염소, 수레
드란기아나	그릇, 낙타, 사자 생가죽	누비아	금, 흑단, 상아
아시리아	그릇, 주괴(잉곳), 낙타, 환관		

정치

페르시아군, 유대인을 해방시키다

키루스 왕은 과감하게 바빌로니아를 정복한다. 그리고 그는 네부차드네자르에 의해 감금된 4만 명의 유대인들을 풀어 주었다. 그들은 예루살렘으로 귀환했고 키루스 왕은 그들의 솔로몬 신전의 재건을 도와주었다. 구약 성경에 따르면, 신이 키루스 왕의 마음을 움직여서 그가 이 유대 민족들에게 선한 마음을 갖도록 했다고 한다.

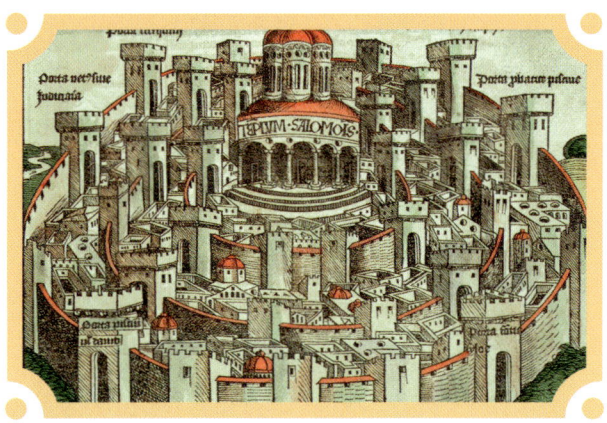

오래전부터 전해 내려오는 유대인들의 말에 따르면, 유대인들의 오마르 모스크(이슬람 대사원)는 전설의 솔로몬 신전 폐허 위에 건축되었다고 한다.

페르시아에 대해서 무엇을 알고 있는가?

아래에서 그 내용을 알아보자

그 내용을 찾은 사람은 수사와 페르세폴리스(페르시아 제국의 도시)의 폐허 유적을 방문할 수 있으며, 이븐 시나(페르시아의 철학자이자 의사)와 직접 만찬을 즐길 수 있다.

* 아라비아가 페르시아를 정복하지 않았다면 이슬람 문화는 결코 정점에 이르지 못했을 것이다. -다리우스 팔머

* 위대한 왕의 보호 아래에 있는 법은 페르시아의 업적이다. -크세르크세스 스미스

* 페르시아의 수학자들은 천체의 움직임을 정확히 측정하여, 항해술을 발달시키고 달력을 완벽하게 만들었다. -캄비세스 파커

* 페르시아의 철학자이자 의사인 이븐 시나는 그의 과학적 기여로 유럽에 엄청난 영향을 미쳤다. -사이러스 존스

페르시아 제국 / 49

독점 기사

파라다이스는 페르시아의 발명품

파라다이스는 강풍이 불고 사막의 모래가 쌓이는 땅의 정원을 보호하기 위한 '울타리'란 의미의 옛 페르시아 말이다. 이것이 먼지가 자욱한 평원으로부터 도착한 여행자들의 진정한 에덴 동산인 파라다이스라는 말의 기원이다.

건축

산 속의 작은 집

페르시아의 왕들은 여름 휴가 때 서늘한 고원 지대의 엑바타나(Ecbatana, 해발 약 1500m의 '집결 장소'를 의미함.)로 이동한다. 궁전은 일곱 가지 색깔의 벽들로 둘러싸여 있다. 외벽은 하양, 검정, 주홍, 파랑 및 오렌지색, 내벽은 은과 금으로 되어 있다.

스포츠

챔피언 리그 경기

전투		결과	
마라톤 전투 (기원전 490년)는 그리스인들이 페르시아인을 이긴 첫 승리였다.		아테네군 페르시아군 마라톤 운동장에서 열림	1 0
테르모필레 전투 (기원전 480년)는 5일 동안 지속되었다.		스파르타군 페르시아군 테르모필레에서 열림	0 1 (연장전에서)
살라미스 전투에서 그리스의 승리는 페르시아의 확장 정책을 중지시켰다.		아테네 해군 소함대 페르시아군 살라미스에서 열림	4 0
알렉산더 대왕이 페르세폴리스를 침공해서 불태운다(기원전 330년). 이리하여 거의 2세기에 걸친 페르시아의 지배는 끝난다.		알렉산더 대왕 다리우스 3세 그리스 팀의 팬들은 경기장을 떠나면서 페르시아가 아테네를 파괴한 보복으로, 페르세폴리스에 불을 지른다.	6 0 (낙승)

철학적 제국의 연대기
그리스 문화

사설   유럽의 탄생

그리스 문화는 모든 유럽 문명의 모태가 되었다. 그리스인들은 신화를 통해 세상을 바라보지 않고 직접 관찰해 파악하려는 최초의 사람들이다. 바로 이것이 철학과 과학이 태동하게 된 계기가 되었다. 한편 그리스인들은 지중해 연안에 식민지를 개척한 노련한 뱃사람들이자 상인들이기도 하다. 영웅들과 신들에 대한 그들의 이야기에는 시와 상상력과 지혜가 가득하다. 원래 제각각 도시 국가를 건설하여 살고 있던 그들은 알렉산더 대왕 시절에 이르러 인도까지 아우르는 거대한 제국을 형성했다.

마케도니아는 고대 그리스 제국의 이름으로 알렉산더 대왕의 치하에서 고대 세계의 최강국이 되었다.

만일 직각삼각형의 직각을 낀 두 변을 a와 b라 하고, 빗변을 c라 할 때
$a^2 + b^2 = c^2$

오늘의 동정

피타고라스와 함께 구구단을 암송해 봅시다

오늘 사모스(그리스 동부 에게해에 있는 섬)에 사는 유명한 수학자 피타고라스가 청중들 앞에서 그가 발명한 구구단을 암송한다. 또한 그의 유명한 '직각삼각형의 직각을 낀 마주 보는 두 변을 제곱해서 합하면 빗변을 제곱한 길이와 같다' 는 정리를 설명할 예정이다.

> 순수한 민주주의 아니면 소수의 독재주의만 존재한다고 주장하는 사람들이 있는데, 이는 사실이 아니다. 입법자들은 다양한 체계가 존재하고 그것들이 여러 방법으로 구성될 수 있다는 사실을 충분히 참작해야 한다.
> — 아리스토텔레스

최근 소식

아테네에서 반민주주의 시위

오늘 폭군, 전제 군주, 그리고 독재자들이 그리스의 민주주의와 민중의 힘에 대한 개념을 폐지하라며 아테네의 길거리에서 시위를 벌였다. 아리스토텔레스는 군주 정치를 한 사람의 힘으로, 귀족 정치를 소수의 힘으로, 그리고 민주 정치를 다수의 힘으로 규정한 바 있다.

시장에서 여성들과 노예들이 폭군들의 시위에 반대하는 시위를 벌였다. 그들은 민주주의가 그들에게까지 적용되길 요구했다.

아리스토텔레스(기원전 384~기원전 322년)는 고대 그리스의 철학자이자 플라톤의 제자이다.

극장 리뷰

오이디푸스 왕

또 한 번 소포클레스가 윤리적이고 종교적인 메시지와 함께 중요한 사건과 인물들에 관한 이야기보따리를 풀었다. 하지만 오이디푸스가 아버지를 죽이고 어머니와 결혼한다는 줄거리는 오직 심리학자들에게나 관심을 끌 듯하다. 합창 소리는 작고, 조명은 끔찍했다.

52 / 철학적 제국의 연대기

금언

> 어린이들을 제대로만 가르친다면 성인을 처벌해야 할 일이 없어진다.
> -피타고라스

피타고라스(기원전 582~기원전 507년)는 그리스의 철학자이자 수학자이다.

> 친구란 너에 대해서 속속들이 알고 있는 사람으로, 그럼에도 불구하고 너를 사랑하는 사람이다.
> -헤시오도스

고대 그리스 시인인 헤시오도스는 영웅 서사시에 뛰어났다.

> 내 몸은 마차이고, 나는 그것을 모는 사람이다. 생각은 고삐이고, 감정은 말(馬)이다.
> -플라톤

플라톤(기원전 427~기원전 347년)은 아리스토텔레스가 공부한 아테네 학당을 건립했다.

> 시장에서 물건들을 보더니 소크라테스가 다음과 같이 외쳤다. "내가 필요치 않은 것들이 이처럼 많구나!"
> - 디오게네스

디오게네스는 고대 그리스 철학자이다.

교육

그리스 고전 속성 과정

오늘의 기본 어휘

헬리콥터(helicopter)	heli(추진기)+copter(날개)
미개인(babarian)	외국인
소뇌의 편도체(amygdala)	아몬드
음악(music)	노래와 시와 관련된 9여신 중 하나인 Muse에서 파생됨.
신호를 수기로 보내다 (semaphore)	sema(신호)+ phoros(가져오는 것)
연극의 등장 인물(person)	마스크
문자, 기호(character)	기록하다, 흔적을 남기다.
하마(hippopotamus)	hipo(말) + potamus(강)

속보

아리스토텔레스가 일식 기간에 지구가 달에 드리우는 그림자가 곡면이기 때문에 지구가 둥글다고 주장하여 그리스 과학계가 발칵 뒤집혔다.

그리스 문화 / 53

델포이 개발 특구 지정

델포이 : 아폴론 신전이 있는 고대 그리스 유적.

광고

세놓습니다

고급 연립주택. 도리스, 이오니아, 또는 코린트 양식 중에서 선택할 수 있음.

적은 값을 추가 지불하면 여성상이 새겨진 특별 기둥을 설치해 줌.

- 건물마다 스파르타 출신 경비원 배치
- 신탁소와 학교에서 5분 거리
- 파르테논 신전이 바라보임
- 가정교사 서비스 가능
- 갤리선이 정박할 수 있는 항구시설 완비

독자평

누가 제일 인기 있는 신인가?

내가 제일 좋아하는 신들은 아폴로와 아프로디테입니다. 잘생겼으니까! 게다가 아폴로는 빛과 음악의 신이고, 아프로디테는 사랑의 여신이잖아요. 정말 죽여줘요!

포실리즈(청년)

펠로폰네소스 전쟁이 되었건 페르시아 전쟁이 되었건 남자들은 항상 전쟁할 생각만 하는데, 이젠 예술과 지혜의 여신 아테네가 필요할 때죠!

율리시스(선생)

제우스가 제일 멋있죠. 왜냐하면 그는 천둥 번개를 조절하고 다른 신들 위에 군림하니까요. 그는 그리스의 수호신이고, 우리가 학수고대하는 비를 내려주니 나의 영원한 우상이에요.

디미트리우스(마부)

별로 생각해 본 적은 없지만 굳이 선택하라면 파괴와 전쟁의 신인 아레스를 꼽겠소.

군터(이방인)

최근 소식

동굴에서 나와 진짜 세상을 발견하다

은둔자가 오랜 세월 동안 동굴에 갇혀 있다가 도망쳐 나왔다. 그는 거기서 보았던 그림자들이 진짜 세상인 줄 믿고 살았는데, 나와 보니 그건 단지 겉모습일 뿐이었음을 깨닫게 되었다고 한다. 이제 햇빛 아래서 그는 관념에 의해 형성되는 실체를 파악하게 되었다. 그리고 선의 관념은 바로 태양에 의해 표현된다는 것이다. 그는 "아직도 갇혀 있는 다른 사람들을 진짜 세계로 인도하겠다."고 말했다. 플라톤은 비현실의 세계에서 사람들을 끄집어내는 것이 철학의 임무라고 말했다.

플라톤의 '동굴의 신화'는 깜깜한 동굴 속에 갇혀 있는 사람의 존재에 대해 논하고 있다.

스포츠

도시 국가에서 다음 번 올림픽에 출전할 선수 모집 중

4년마다 항상 해왔듯이 휴전이 선포되고, 신들의 영광을 위하여 성화 봉송에 이은 올림픽 경기가 개최된다.

필요한 조건

- 그리스인일 것
- 이방인은 해당 사항 없음
- 제우스의 이름 앞에 맹세하고 공정한 게임을 할 것
- 레슬링 선수의 경우 신체 단련과 기술 습득을 완료할 것
- 술의 신 디오니오스의 도움을 받기 위한 약물 복용은 금지
- 가운에 광고 금지

수상 내역
우승 기념메달(상금 없음)

평가 기준 5종 경기

- 360m 경주
- 5kg 원반던지기(오늘날엔 겨우 1kg임.)
- 멀리뛰기
- 투창던지기
- 레슬링(눈을 제외한 모든 신체부위 공격 가능)

특급 그리스 테마파크

신화의 나라에 온 것을 환영합니다

이번 기회에 꼭 보세요!

괴물 미노타우로스가 살고 있는 미로, 성황 중!

미노타우로스가 아테네 청년들을 잡아먹는 것을 볼 수 있습니다. 영웅 테세우스가 이 괴물을 물리칠 수 있도록 도와 주세요. 크레타 공주 아리아드네를 당신의 품에 꼭 안고 실을 따라 미로를 탈출해 보세요.

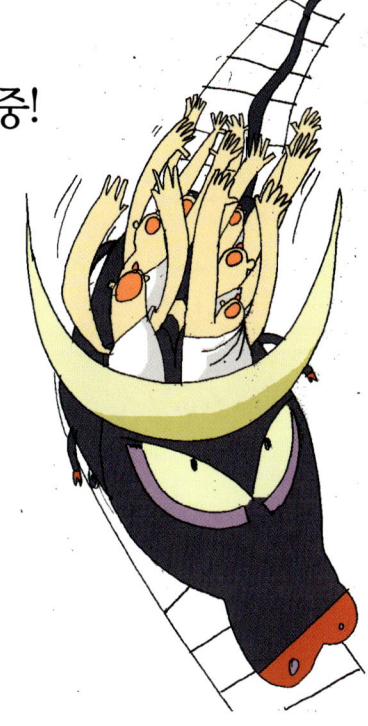

• 아르키메데스의 법칙

흘러넘치는 액체의 무게가 그 속에 잠긴 당신의 몸을 위로 밀어올리는 힘과 동일한지 확인해 보세요.

트로이 목마 속에 들어가 보세요

트로이 병사들에게 발각되지 않으려면 숨소리조차 들리지 않도록 해야 합니다.

아테네와 스파르타

아테네의 장점
- 대중적인 철학.
- 최고의 해양 선단.
- 빚을 갚지 못하면 노예를 해방시켜야 함.

아테네의 단점
- 규방에서 여성들은 말을 해서는 안 됨.
- 아테네인들은 소크라테스가 젊은이들을 타락시킨다고 사형시켰음.

스파르타의 장점
- 장갑보병으로 구성된 최강 그리스군. 방패와 무거운 무기로 무장한 전사들.
- 강인해져서 튼튼한 아이를 낳기 위해 훈련받은 소녀들.

스파르타의 단점
- 소년들은 전쟁에서 겪을 고난에 대비해 자주 체벌을 받는다.
- 허약한 아이들은 죽인다.

드루이드교 문화의 연대기
켈트 문화

사설

켈트족은 유럽 전역에 걸쳐 살았던 민족으로, 도시를 건설하지 않고 지방에 여러 소수 민족들끼리 흩어져 살았다. 드루이드교(켈트족의 종교)의 사제들은 기술이 뛰어났으며, 세련되고 정교한 전차나 무기들을 제작했다. 그리고 노인이나 병약자들을 잘 돌보았으며, 여성들에게는 상당한 권리를 부여했다. 켈트족은 델피에 있는 아폴로 신전을 약탈하고, 특히 가울 지역의 켈트족은 로마까지 침공했다. 그들은 큰 소리를 지르면서 전쟁터로 돌진하며, 음유 시인을 통해 노래와 시를 읊으며 그들의 정복을 선포했다.

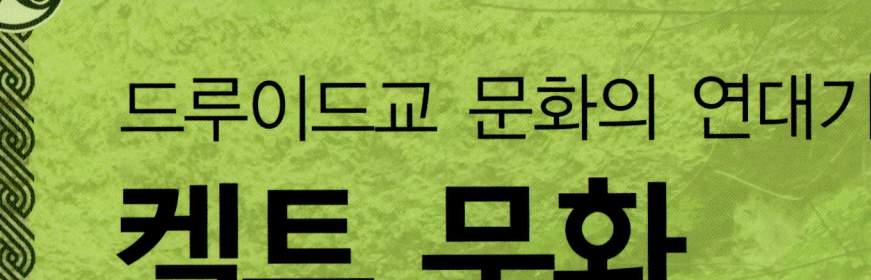

켈트족의 드루이드 교인들은 의사, 천문학자, 철학자 그리고 기술이 뛰어난 사람들이었다.

사회

잔혹하기로 소문난 범죄

켈트족의 경찰이, 신들을 위로하기 위해 인간을 제물로 바친다는 제보를 받고 조사 중이다. 이러한 정보를 가지고 있는 사람들은 연락을 바란다.

위대한 발명

원통형 나무통을 발명한 켈트족

가울 지역에서 개최된 알레시아 발명 전시회에 고대 문명 세계를 발칵 뒤집어놓은 켈트족들의 한 발명품이 전시되었다. 그것은 여러 나무 조각을 둥글게 이어 붙여 만든 나무통이다. 이 발명품은 양손잡이 항아리 제작자들로 하여금 경악을 금치 못하게 했다.

이 나무통의 제작법은 켈트족에 의해 발명된 이후 지금까지 거의 변하지 않았다.

집회

> 집회를 시작하기 전에 드루이드 교인들이 흰옷을 입고, 관례에 따라 성스러운 식물인 겨우살이와 황금 낫을 들고 단체 사진을 찍기 위해 포즈를 취하고 있다.

제1회 드루이드교 집회

왕들에게 구속받지 않고 활동하는 막강한 드루이드 교인들이 공식 집회를 열었다. 그들은 지난 20년간 구술로 전해 내려온 그들의 지식과 전통을 이어 나갈 것이다.

지구 온난화에 대한 신들의 경고

켈트족의 신들이 생태학 전문가들과 만났다. 숲의 신인 에수스, 켈트족의 수호신인 토우타티스, 그리고 천둥신인 타라니스는 온실효과에 의한 지구 온난화를 경고했다.

프로그램
오전 9시 : 미사
오전 10시 : 성찬식
오전 11시 : 신탁의 해석

유럽 지명의 절반을 지은 켈트족

브리타니와 그레이트 브리튼은 브리튼족이 지었고, 벨기에는 벨가이족이, 가울과 웨일즈는 가울족이, 그리고 켈티베리아는 이베리아족과 결합된 켈트족이 지었다. 켈트족은 또한 갈리시아, 스코틀랜드, 그리고 아일랜드로도 이주했다. 스코틀랜드와 아일랜드는 끝까지 로마 제국에 점령당하지 않은 유일한 곳들이다. 켈트 문화는 아일랜드에서 아직도 사라지지 않고 있다.

축제

켈트풍의 생음악

오늘 밤 언덕 위 요새에서 음유 시인들이 장문의 시를 낭독하여 부족의 걸출한 용사들의 무공과 족장의 조상들을 칭송할 것입니다. 입장료에는 시원한 맥주를 곁들인 야생 돼지 바비큐 식사가 포함됩니다.

이 기회를 놓치지 마세요! 최고 인기 음유 시인 파릭스가 그의 최고 히트작 특별 시를 낭송할 예정입니다.

켈트 문화 / 59

전시회

오스트리아 할슈타트 두개골 전시회

두개골 전시회가 철기 시대 3기의 켈트 문화 홍보의 중심지인 오스트리아 마을에서 열리고 있다. 켈트족들은 그들의 영혼이 저승에서 잠시 휴식을 취한 후 다시 육신을 얻는다고 믿었다. 그들은 또 영혼이 머리 부분에 있다고 믿었기 때문에 위대한 조상들과 적장들의 두개골을 보관했다.

켈트 문화 탐방

방문할 때 반드시 명심해야 할 일들

켈트 사회는 귀족 용사 집단에서 선출된 왕 또는 수령에 의해 통치되었다. 귀족들은 토지를 소유하고 있었다. 노예, 재산이 없는 병사들, 농부들, 그리고 장인들은 그들에게 노동력이나 물자를 제공했다. 귀족들의 집을 방문할 때 여러분의 뿔 달린 헬멧을 벗는 것을 잊지 마세요.

경연 대회

풍요의 정령 투타티스 신

신을 찬양하는 경연 대회에서 오랜 숙고 끝에 '투타티스 신에 맹세코!'가 '주피터 신에 맹세코!'나 '아베루네스의 모든 신들께 맹세코!' 등의 외침을 물리치고 1등을 차지했다. 그것은 참으로 힘찬 외침이었는데, 투타티스가 켈트족의 수호신이자 밤의 신 중의 하나였기 때문이다. 투타티스는 인류의 조상일 뿐만 아니라 법률 제정자, 중재자, 그리고 행정 감찰관이다. 그는 또한 전쟁, 생산, 풍요의 정령이다.

민주주의 기원의 연대기
로마 제국

사설

유럽의 언어, 법률, 그리고 기관들이 모두 로마로부터 비롯되었다. 로마는 전쟁과 팽창의 역사를 지녔지만, 또한 현실적이고 실용적이었으며, 오래전부터 민중들의 힘을 잘 알고 있었다. 로마인들은 뛰어난 기술자이며 건축가였다. 로마 황제들은 로마 문화를 히스파니아(고대 로마 제국에서 이베리아 반도)에서부터 아시아로 전파했다. 이 황제들은 자신들의 위업을 한껏 자랑하며, 자신들을 신들의 반열에 올려놓았다. 하지만 그들이 새로운 영토 확장을 멈추자 노예들의 노동력을 바탕으로 한 그들의 경제 체계가 붕괴되었다. 오늘날 유럽은 로마에 의해 만들어졌다.

이민

로마 시민권을 얻기 위해 줄을 서는 사람들

지방관들(지주들)은 이 곳에 줄 서시오.
권리 -투표권과 지방 공무원 피선거권이 있다.
-시민으로 간주된다.

평민들은 여기에 줄 서시오.
권리: 그들은 자유인이지만 시민은 아니다.

예속 평민(지방관들의 보호를 받는 외국인들)들은 여기에 줄 서시오.

노예(전쟁 포로)들은 여기에 줄 서시오.

집정관들의 감시를 받으며 라인 강 지역에 살고 있는 갈리아인, 이베리아인, 키레나이카인, 그 밖에 이방인들이 로마 시민권을 얻으려고 긴 줄로 서 있다. 시민권을 얻으면 그들도 투표할 수 있고, 공직에 진출할 수 있고, 군인이 될 수 있고, 또 가족과 재물을 얻을 수 있다. 로마 황제가 임명한 지방관들은 본토로부터 너무 많은 외국인들에게 시민권을 주고 있다고 경고 받았다.

> 코끼리들이 알프스 산맥을 넘어가고 있다!

알프스 남쪽 갈리아의 양치기인 푸블리우스 페코리노가 산에서 뛰어내려오며 카르타고인들이 오고 있다고 비명을 질러 댔다. 한니발의 군대가 로마로 쳐들어온다는 소문이 이미 파다하게 나 있는 상태였다. 카르타고 제국은 로마가 지중해의 패권을 쥐고 흔들려고 하는 것을 더 이상 참을 수 없었다. 고대 로마의 신관들은 아프리카인이란 별명을 갖고 있는 스키피오 장군이 카르타고를 정벌하여 쑥대밭으로 만들 것이라고 예언하였다.

기원전 218년에 한니발은 십만 명의 보병과 1만2천 마리의 말, 그리고 50마리의 코끼리를 이끌고 로마 원정에 나섰다.

로마 법의 탄생

> 법 없이는 아무도 동의하지 않는다.

원로원 대표단이 로마의 법률을 배우러 그리스 도시들을 방문하고 있다. 로마의 귀족들은 제멋대로 법을 적용하므로 평민들은 그들이 어떤 처벌을 받을지 도통 알 수가 없다. 평민들은 법률을 성문화해서 집회 광장에 부쳐야 한다고 주장했다.

콘트락투스 앤 콘스트럭토룸 주식회사

☞ 영국 북부의 픽트인들이 브리타니아를 침공하지 못하도록 해주길 바랍니까? 하드리아누스 방벽을 건설하세요.

☞ 당신의 군대를 신속히 배치하거나 우편 배달을 위한 멋진 통로가 필요하거나 무역을 하고자 한다면, 우리 로마의 길을 고려해 보세요. 그리고 모든 길이 로마로 통한다는 사실을 꼭 명심하시길.

☞ 해전 체험을 해보고 싶나요? 사나운 짐승들과 한판하고 싶나요? 아니면 검투사들과 크리스천들이 죽는 것을 보고 싶나요? 우리는 조립식 콜로세움을 만들어 드릴 수 있습니다.

☞ 아직도 수도가 없나요? 로마에 식수를 공급할 수 있는 19개의 수도관을 만들어 드리겠습니다.

부동산 광고

제왕들이시여, 주목하세요. 많은 지역들을 반값에 할인합니다.

반값 할인

로마 제국 / 63

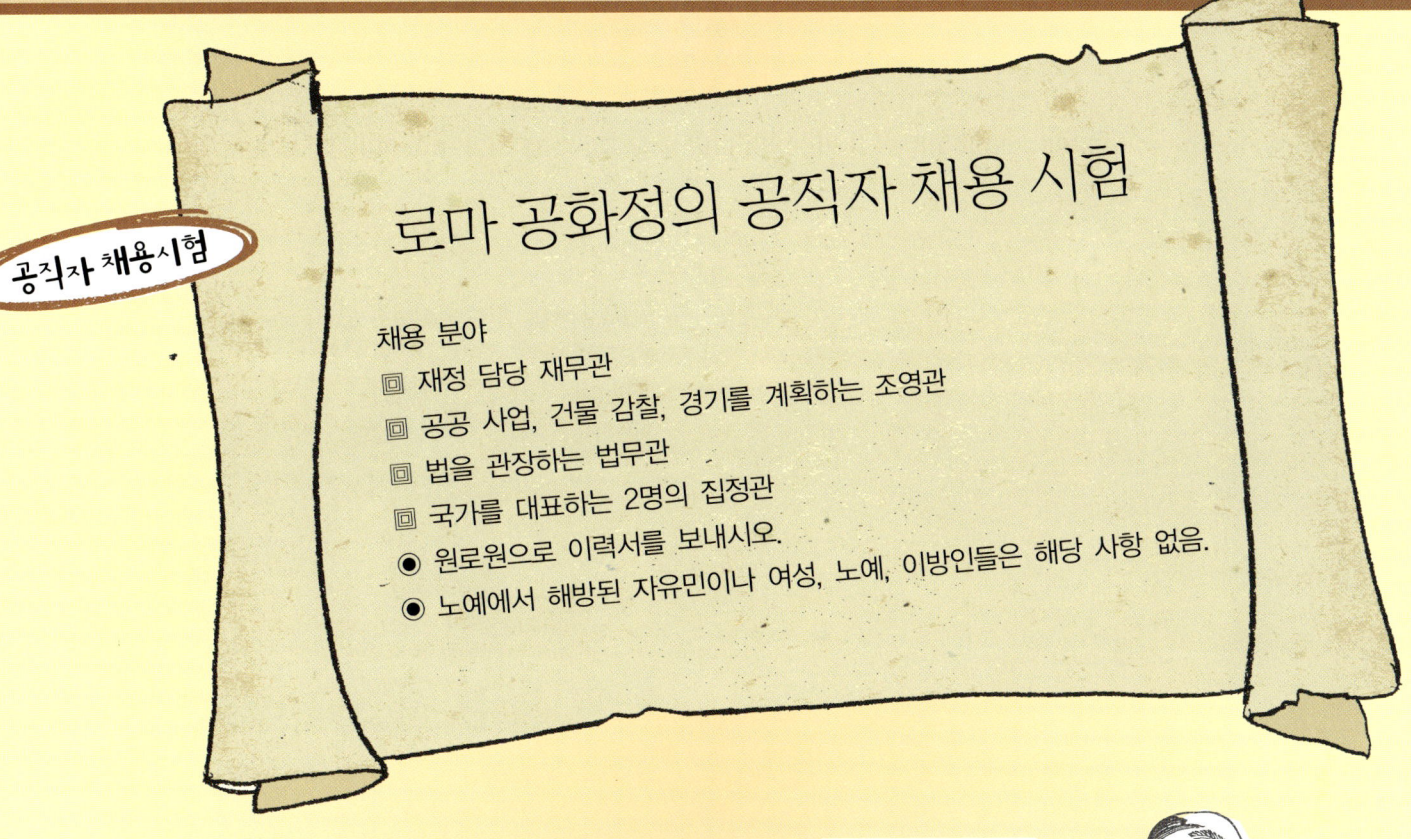

공직자 채용시험

로마 공화정의 공직자 채용 시험

채용 분야
- ☐ 재정 담당 재무관
- ☐ 공공 사업, 건물 감찰, 경기를 계획하는 조영관
- ☐ 법을 관장하는 법무관
- ☐ 국가를 대표하는 2명의 집정관
- ● 원로원으로 이력서를 보내시오.
- ● 노예에서 해방된 자유민이나 여성, 노예, 이방인들은 해당 사항 없음.

경매

이런 문장은 종종 노예의 목에 걸려 있는 표지판에서 발견할 수 있다. 로마 사회에서 노예는 매우 중요한 존재였다. 그들은 주인의 소유물로 아무런 법적 권리를 누릴 수 없었다. 하지만 몇몇 노예들은 주인보다도 더 학식이 풍부해서 자유인처럼 대접받았고, 비서나 관리인, 또는 선생으로 일했다. 그들은 주로 그리스인들이었다. 로마 황제 디오클레시안은 돈을 주고 자유인이 된 노예의 아들이었다.

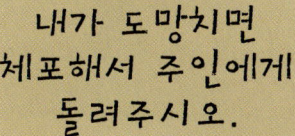
내가 도망치면 체포해서 주인에게 돌려주시오.

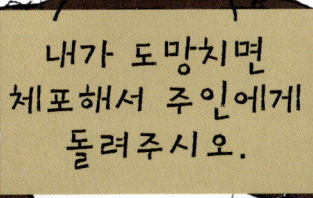
내가 도망치면 체포해서 주인에게 돌려주시오.

카라칼라

그림, 골동품, 필사본, 그리고 노예를 전문 취급하는 초일류 경매 하우스에서 오늘 저녁 누비아인 5명, 갈리아인 3명, 그리고 달마시안인 3명을 경매합니다. 상등품으로 준비했습니다. 만족스럽지 않으면 환불해 드립니다.

64 / 민주주의 기원의 연대기

베스트셀러

로마 최고의 작가 5인

베르길리우스
서사시 《아에네이드》의 저자. 여기서 찬양하는 아이네이스는 트로이를 도망쳐서 라치오로 갔다는 전설상의 영웅으로, 로마를 창건한 쌍둥이 형제 로물루스와 레무스의 조상이라고 일컬어진다.

키케로
위대한 웅변가. 철학이 무력보다 좋다고 생각한다. 저녁 8시 원형극장 쇼에서 그의 실연을 보세요.

비트루비우스
건축 예술의 원리에 대해서 책을 썼다. 그의 작품들이 르네상스 시대에 많은 영향을 주었다.

세네카
그의 철학은 미덕과 자제력에 근본을 두고 있다. 캐피톨린 언덕에서 그의 사인회가 있을 예정.

최고의 베스트셀러 작가 리비우스
로마 제국의 세계 정복이 인류 문명의 발전을 위해 필요했다고 굳게 믿는 저술가로 최고 베스트셀러 《로마사》를 저술했다.

화제의 프로

필름먹스 제공

늑대들과 춤을

로물루스와 레무스 형제는 그들 죽이려고 하는 사악한 왕에 의 강가에 버려졌다. 암컷 늑대가 들을 발견하고 젖을 먹여 키웠 이들은 자라나서 그들을 죽이려 왕을 무찌르고 로마를 건국했다

장르 : 신화에 관한 희곡

선한 자, 악한 자, 트라키아인

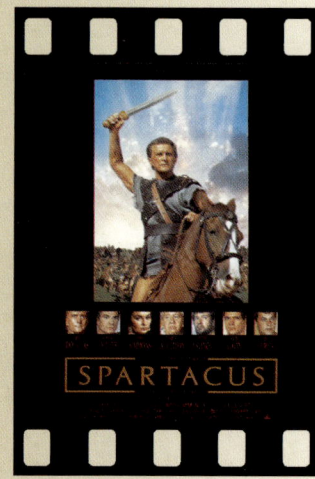

로마 군단에서 탈영한 스파르타스는 로마 시민이 아니므로 붙잡 노예가 되었다. 그는 나중에 검사가 되었다. 그러나 노예들과 투사들을 규합해서 반란을 일으 여러 차례 로마 군단을 무찌르 승승장구했으나, 붙잡혀 십자가 매달려 죽는다.

장르 : 모험극

스파르타쿠스는 지금까지 로마 공화정에 대항해 가장 큰 반 을 일으킨 노예였다.

검투사들의 전쟁

인근 원형극장에서
곧 개봉 예정!

로마 제국 / 65

안내 광고

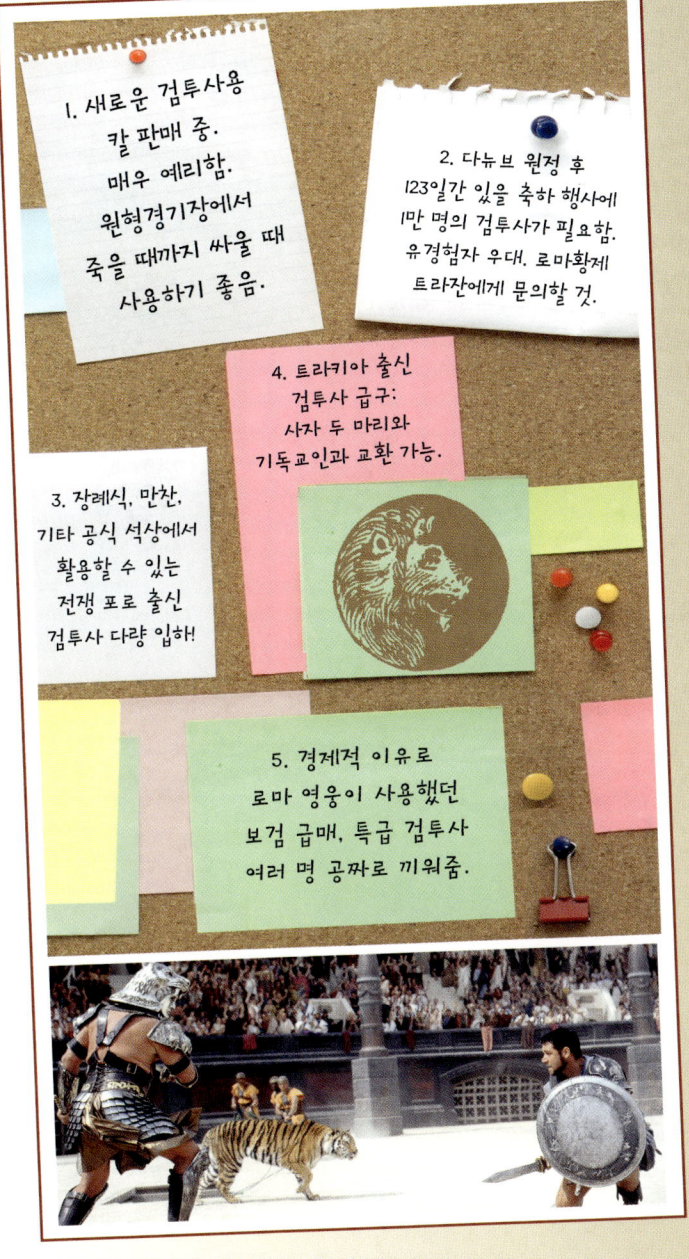

1. 새로운 검투사용 칼 판매 중. 매우 예리함. 원형경기장에서 죽을 때까지 싸울 때 사용하기 좋음.

2. 다뉴브 원정 후 123일간 있을 축하 행사에 1만 명의 검투사가 필요함. 유경험자 우대. 로마황제 트라잔에게 문의할 것.

3. 장례식, 만찬, 기타 공식 석상에서 활용할 수 있는 전쟁 포로 출신 검투사 다량 입하!

4. 트라키아 출신 검투사 급구: 사자 두 마리와 기독교인과 교환 가능.

5. 경제적 이유로 로마 영웅이 사용했던 보검 급매. 특급 검투사 여러 명 공짜로 끼워줌.

종교

로마 제국의 국교가 된 그리스도교

카피톨린 만신전의 대변인인 주피터 신이 그리스도교의 불공정 경쟁에 대해 항의했다. "예수가 사랑의 신이라는 주장과 죽었다가 사흘 만에 부활했다는 얘기가 꽤 인상적이긴 한데, 그 때문에 올림푸스의 신들인 우리들이 무용지물이 되어야만 하는가?"
미트라는 "로마에 여러 종교가 포교될 수 있는 자유가 있다."고 항변했다. 또 차라투스투라는 "그리스도교의 교리 중 선과 악의 대결 구도는 내 아이디어다."라고 주장했다. 하지만 콘스탄티누스 황제는 그리스도교를 옹호하고 로마 제국의 국교로 선포했다.

특보!

서고트족의 로마 약탈

미개 족속인 서고트족이 로마를 약탈했다. "우리들이 세련되지 못했다고 업신여김을 당하는 걸 더 이상 참을 수 없다. 그들은 또한 우리가 아리안족이고 예수를 신으로 받아들이지 않는다고 이교도라 부른다. 우리의 발음에 문제가 있다고 조롱하기도 한다. 더 이상 이를 묵과할 수 없으며, 지금부터 로마를 결단내 버리겠다."고 그들이 선언했다. 이제 로마는 더 이상 이전의 로마가 아니다. 새로운 식민지 정복은 멈췄고, 노예들은 그 숫자가 매우 줄어들었다. 서고트족은 마치 훌리건들처럼 행동했다. 하지만 그들보다 더 미개한 족속은 반달족이다.

서로마 제국이 멸망한 후(476년), 서고트족은 유럽에서 중요한 역할을 했다.

메카를 바라보는 사람들의 연대기
아라비아

사설

황량한 사막에서 흘러들어온 한 유목 민족이 전 세계의 절반에 강력한 영향력을 미칠 것이라고는 생각하기 어려울 것이다. 이들이 바로 아랍 민족이다. 자신들의 유일신 사상에 고무되어 그들은 페르시아 전체와 비잔틴 제국 일부를 점령한다. 나중에 인도와 히말라야 지역, 그리고 피레네 산맥 너머까지 세력을 확장한다. 그들은 정복 사업을 하는 동안 고대 그리스 철학과 같은 지식을 받아들이고 전파한다. 그들은 중국에서 종이를, 인도에서 숫자 0의 개념을, 그리고 오늘날 우리가 사용하는 아라비아 수 체계를 가져온다. 그들은 알-안달루스(과거 이슬람 세력이 지배하던 이베리아 반도) 국가를 세우는데, 수도인 코르도바는 당시 유럽에서 가장 큰 도시였다.

코르도바의 대 모스크는 세계에서 가장 큰 종교 사원이다.

기술

새로운 운송 수단

낙타는 사막을 횡단하고 새로운 무역 루트를 개척하는 데 가장 널리 사용된 운송 수단이다. 기원전 1100년경에 가축화된 이 동물은 뜨거운 열기 속에서도 물을 먹지 않고 하루 160km씩 연속해서 8일이나 행군할 수 있다. 그런데 낙타 등의 혹 속에는 물이 아니라 지방이 들어 있다.

비즈니스

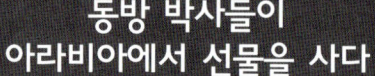

동방 박사들이 아라비아에서 선물을 사다

아랍 상인들은 유향이나 몰약을 비롯한 여러 특산물들을 판매한다. 또한 그들은 금, 보석류, 상아, 향료, 동, 철, 주석 등도 판매한다.

마호메트 (570~632년)라는 상인이 이슬람교를 창시했다

> 마호메트가 태어난 도시 메카는 이슬람교 최고의 성지이다.

속보

유일신 탄생

유일신 개념은 유대인들에 의해 발생하여 그리스도교에서 받아들였고, 철저한 조사 끝에 마침내 아랍인들도 그 때까지 신봉하던 다신 교리를 버리고 이를 받아들이게 되었다. 이전에 그들은 달의 신과 그 배우자 해의 신, 그리고 또한 사랑의 여신 아타르사마인도 숭배했다. 하지만 마호메트는 오직 하나의 신만이 존재한다고 주장하면서 무슬림들에게 5계명을 가르쳤다.

이슬람의 5계명
- 오직 유일신 알라를 믿으며, 마호메트를 그의 예언자로 받들라.
- 메카를 바라보고 하루에 다섯 번씩 기도하라.
- 가난한 자에게 자선을 베풀라.
- 라마단 기간에 금식하라.
- 평생 한 번 이상 메카로 성지 순례를 가라.

문학

아랍권 베스트셀러

최근 간행된 《천일야화》가 판매 기록을 연일 갱신 중이다. 이 책에는 세밀하게 묘사되는 바그다드와 카이로의 일상생활을 배경으로 아주 흥미진진한 우화들과 민담들이 전개된다. 이런 추세라면 곧 종합 베스트셀러가 될 전망이다.

북소리 장단에 맞춰 움직이는 문화의 연대기
아프리카

사설

최초의 인류가 아프리카에서 태어났지만, 그 곳은 아직도 우리에게 미지의 땅으로 남아 있다. 한때 비옥했던 지역인 사하라가 기원전 4천 년부터 기원전 2천 년 사이에 서서히 건조화되기 시작했고, 그 곳에 거주하던 사람들이 다른 곳으로 이주해 나갔다. 북쪽으로 간 이주민들은 이집트에 정착했고, 동쪽과 남쪽으로 이주해 간 사람들은 각각 피그미족과 부시맨들과 섞이게 되었다. 원래 이집트와 니제르에서 어업에 종사하던 흑인들이 나중에 아프리카 전역에 널리 퍼져 살게 되었다. 아프리카인들은 뛰어난 광부들이었고, 이미 500년경에 금속을 가공할 줄 알았다. 그들은 금, 상아, 그리고 열대에서 나는 물품을 교역했으며, 그런 와중에 주요 문명 발상지들이 태동했다.

아프리카에서 제일 긴 강부터 차례로 셋을 나열하면 나일강, 콩고강, 그리고 니제르 강 순이다.

스페셜 리포트

사막의 도적들

낙타를 사막의 배라고 하면, 팀북투와 같은 사하라 사막의 북쪽이나 남쪽에 위치한 교역 도시들은 항구라고 할 수 있다. 그리고 푸른 천을 두르고 약탈을 일삼는 공포의 투아레그족은 해적에 비유할 수 있다.

투아레그족은 '사막의 해적'으로서 사하라의 무역 경로를 지배했으며, 마을들을 약탈했다.

언어

반투족
아프리카의 로마인들

서아프리카의 유목민들과 농부들은 아프리카 적도 이남 지역에 정착함으로써 그들의 언어를 널리 퍼뜨렸다. 그들은 뛰어난 금속 세공술로 철제 도구와 무기들을 만들어 냄으로써 새로운 식민지들을 만들었다.

반투어들은 매우 유사하지만 다른 남아프리카와 서아프리카 언어군이다.

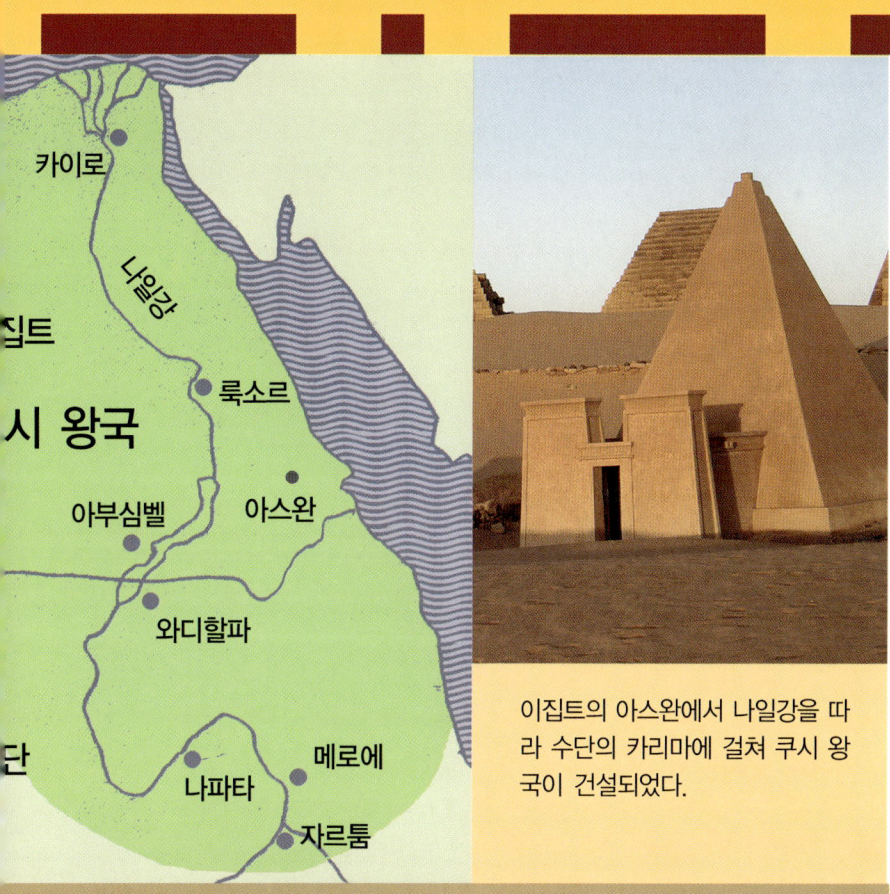

이집트의 아스완에서 나일강을 따라 수단의 카리마에 걸쳐 쿠시 왕국이 건설되었다.

사하라의 관문

팀북투는 최고의 교역 중심지였다. 하지만 오직 무슬림들만 출입이 허용되었다. 격언에 따르면, "금은 남쪽에서, 소금은 북쪽에서, 그리고 돈은 백인들이 사는 땅에서 온다. 하지만 놀라운 이야기와 신의 말씀은 오직 팀북투에서만 들을 수 있다."

아프리카 문명의 태동

최초의 주요 아프리카 문명이 기원전 1천 년경 오늘날 수단의 일부인 누비아 지역에서 발생했다. 그 문명은 수천 년 동안 번영하였다. 고대 이집트인들은 이 지역을 쿠시라고 불렀으며 대부분의 고대 세계의 황금이 이 지역에서 채굴되었다. 고대 이집트는 한때 쿠시 왕들에 의해 정복당하기도 했는데 이들은 피라미드와 그리스풍의 기둥, 그리고 남부 아라비아풍의 아치형 건축물을 세웠다. 그들은 또한 힌두 문자와 비슷한 상형 문자를 사용했다. 그들의 경제는 철광산과 금광산을 기반으로 했다.

팀북투는 1988년부터 유네스코 세계 문화 유적에 등재되었다.

최초의 그리스도 교인은 흑인들이었다

시바의 여왕과 솔로몬, 자코포 틴토레토 그림(1555년경)

쿠시 왕국은 에티오피아의 악숨 제국에 정복당했다. 이 문명은 유대교와 그리스도교의 영향을 받았다. 전설에 의하면, 고대 아라비아의 남부에 위치한 시바의 여왕이 솔로몬 왕을 방문했다고 한다. 방문을 마치고 고향으로 돌아가던 중 그녀는 솔로몬의 아들을 낳았고, 나중에 에티오피아의 황제가 되어 솔로몬 왕조를 창건했다. 모든 에티오피아의 황제들은 자신들이 그의 직계라고 주장했다. 악숨 제국의 주요 수입원은 상아다. 악숨 제국은 최초의 그리스도교 국가이다.

광고

친구나 애인 구함

다음 주 토요일, 북 장단에 맞춰 신나는 파티를!
초대받은 손님들 중에서 당신의 반쪽을 찾으세요.
아프리카의 최고를 만나세요.

나는 줄루족입니다. 나는 남부 아프리카에 살고 있으며, 반투어를 사용합니다. 전쟁에 승승장구해서 우리나라가 아프리카에서 제일 큰 나라이지만, 사귀어 보면 내가 다정하고, 평화를 사랑하는 사람이라는 사실을 알게 될 겁니다.

나는 마사이족으로 유목민입니다. 나는 목축을 하며 여가 시간에 화상에 효험 있는 알로에 베라를 채취하는 것을 좋아합니다. 나는 또한 실력 있는 요리사입니다. 내가 잘 하는 요리는 우유에 짐승 피를 넣고 발효시킨 요구르트입니다. 나와 함께 한다면 아주 근사한 저녁 식사를 대접하겠습니다.

나는 피그미족입니다. 비록 키는 작지만 아주 매력이 있답니다. 나는 정글에 살면서 그물이나 창으로 사냥하거나 식물을 채집합니다. 음악은 내 인생의 전부랍니다. 우리 노래에서 찾아볼 수 있는 다운율의 복잡성은 유럽에서 14세기 이후에나 나타납니다. 내 목소리는 당신에게 아름다운 음악으로 들릴 것입니다.

종교

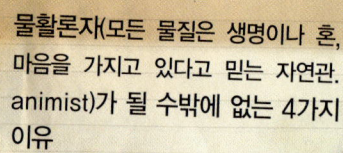

물활론자(모든 물질은 생명이나 혼, 마음을 가지고 있다고 믿는 자연관. animist)가 될 수밖에 없는 4가지 이유

- 죽은 자와 아직 태어나지 않은 자도 살아 있는 자와 똑같이 존중받는다.
- 모든 살아 있는 존재들은 마가라고 불리는 우주적 생명력에 의해 연결되어 있다.
- 초자연적 존재들 또는 정령들이 생물이나 무생물에 모두 존재한다.
- '물활론자(animist)' 라는 단어는 라틴어 anima에서 왔다. 만물이 살아 있고 만물에 영혼이 깃들어 있다.

수단 지구대

사하라의 사막화가 진행되고 있지만 교역은 계속된다. '검다'는 뜻의 아랍어에서 파생된 수단 지구대에 강력한 국가들이 건설되고 있다. 말리 왕국이라고 널리 알려진 가나 왕국의 수도는 바로 팀북투로, 나날이 번영하고 있다. 아랍으로부터의 탐험가들과 교역인들이 밀려와서 이 왕국의 거주민들이 점차 이슬람 교도들로 바뀌고 있다.

속보

이슬람교는 유일신 종교로 그 가르침은 그들의 성경인 코란을 밑바탕으로 하고 있다.

금주의 동향

안토니 가우디의 작품이 젠네의 대형 모스크에서 영감을 받았다는 주장이 여기저기서 제기되고 있다.

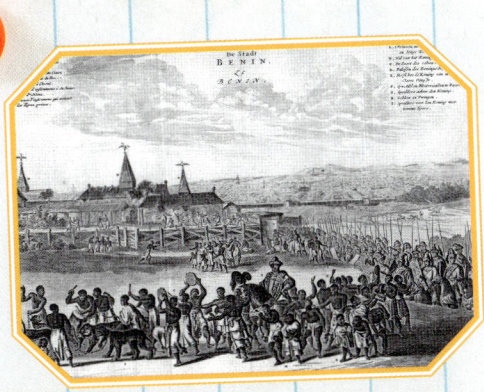

10월 25일 월요일
순회 전시회 : 베닌 제국
나이지리아 저축은행 후원
니제르 강 서편에 위치한 도시 베닌의 아름다움과 화려함을 보러 오세요. 거대한 방어 장벽으로 둘러싸인 이 도시에서 여러분들은 웅장한 왕궁과 장인들이 청동 세공을 하는 많은 천막들을 볼 수 있습니다.

10월 27일 수요일
말리 상설관에서 다큐멘터리 '젠네의 대형 모스크' 방영
말리 왕국은 금광 덕택으로 중세 시대에 가장 부유한 나라였다. 젠네의 대형 모스크는 아직까지 존재하는 어도비 흙벽돌로 지어진 가장 큰 건축물이다. 우기가 지나면 젠네의 거주민들이 모스크로 모여서 손으로 복구 작업을 한다. 모스크의 첨탑 맨 꼭대기에는 풍요와 부의 상징인 타조알 장식이 되어 있다.

※ 어도비 흑벽돌 기부 환영

72 / 북소리 장단에 맞춰 움직이는 문화의 연대기

문화
동아프리카의 무역

페르시아만에서 온 무슬림들에 의해 건설된 도시들에서 금, 상아, 그리고 열대 상품들의 교역이 나날이 번창하는 것을 지켜보던 아프리카 사람들이 아랍인들과 함께 살면서 독특한 문화와 스와힐리어를 만들어 냈다. 스와힐리어는 반투어에서 파생되었으며, 오늘날 동아프리카에서 가장 널리 사용되는 언어다.

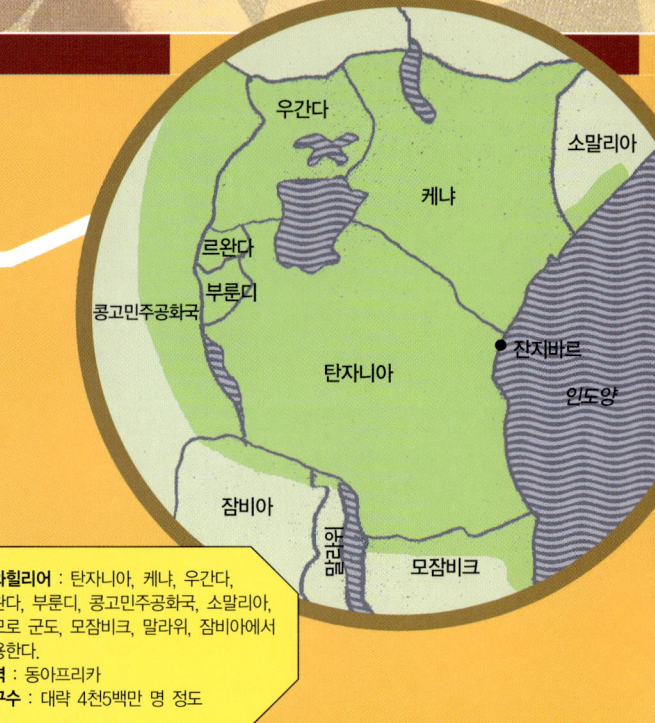

스와힐리어 : 탄자니아, 케냐, 우간다, 르완다, 부룬디, 콩고민주공화국, 소말리아, 코모로 군도, 모잠비크, 말라위, 잠비아에서 사용한다.
지역 : 동아프리카
인구수 : 대략 4천5백만 명 정도

특보

커피가 에티오피아의 카파주에서 생산되고 있는 것이 밝혀졌다. 붉은 색의 커피콩은 그 지역 전사들을 더욱 강하게 만든다고 한다. 커피를 수입한 아라비아에서는 혹시 이 기호 식품이 인체에 해롭지 않은지 우려한다는 소식이다.

미국의 광산들과 플랜테이션 농장의 심각한 인난이 아프리카로부터 노예 교역을 부추기고 있다. 이는 실로 암흑의 대륙에 4세기나 지속된 비극이다.

환경

소음 공해

동아프리카의 오대호 일대의 여러 나라에서 북 소리의 소음 공해에 대한 민원이 쇄도하고 있다. 이런 나라들에서 가장 중요한 존귀의 상징은 왕이 그의 조상들과 소통할 수 있는 북이다. 북이 크면 클수록 그것을 소유한 왕의 권위가 높아진다. 어떤 것들은 그 직경이 4m나 되며 사원에 보관된다.

필름

오늘의 하이라이트

불신자의 땅

반투인들의 일상을 그린 아프리카의 블록버스터. 16~17세기의 지리학자들은 아프리카의 적도 이남 지역을 카피어-땅이라고 명명했다. 카피어는 아랍어 Kafir에서 유래되었는데 '불신자'라는 의미를 갖고 있다.

송가이 제국

송가이 제국의 일상에 관한 사하라 사막 이남의 다큐멘터리. 군대, 행정, 그리고 교역 네트워크. 이 제국에서 주요 교역 물품은 말린 무화과, 구리, 소금, 대추야자, 금, 콜라 열매, 그리고 상아 등이다. 이런 교역품이 왈라타에서 출발하여 사하라 사막을 가로질러 모로코, 알제리, 리비아에 운반되며, 거기서 배에 실려 유럽, 아라비아, 그리고 중국까지 수출된다. 이 제국에는 대학교가 하나 있으며, 180개의 무슬림 학교가 있다.

유령 제국의 미스터리

'족장의 본고장'이라는 의미인 대 짐바브웨의 성벽이 둘러싸인 도시는 13세기에 화강암으로 건축되었다. 그곳의 경제는 농업과 교역에 기반을 두었다. 거주민들은 조상을 숭배했다. 1만 명가량의 거주민들이 도시 안팎에 지어진 둥근 집에서 살고 있었는데, 1450년경에 모두 그 도시를 떠났다. 이제 그 도시는 유령 제국이라는 이름으로 불리며, 그 폐허는 아직도 남아 있다.

우주를 끌어안은 문화의 연대기
콜럼버스가 미 대륙을 발견하기 이전의 시대

사설

작은 범선들이 멕시코로 접근하고 있을 때, 원주민들은 샤먼이 바다에 떠 있는 무엇인가를 발견하고 그것이 배라고 판정할 때까지 아무것도 보지 못했다고 한다. 그 후에야 그들은 그 배를 볼 수 있던 것이다. 스페인 사람들이 도착했을 때 원주민들은 또한 말을 타고 있는 기수와 말을 분리해서 생각하지 못하고 한데 붙어 있는 존재로 파악했다고 한다. 유럽인들과 아메리카 대륙의 마야, 아즈텍, 잉카 사람들은 이전에 서로 교류한 적이 한 번도 없었지만, 그들은 매우 뛰어난 수학자, 건축가, 행정가들이었으며, 매우 정밀한 달력 체계를 만들어 냈다. 울부짖는 신들, 날개 달린 뱀, 그리고 연기 나는 거울 등은 모두 이 사람들이 시적인 상상력으로 생각해 낸 것들이다.

피라미드에서 담배 피면 벌금!

마야인과 아즈텍인은 의식을 행하거나 치료를 위해 담배를 사용했다. 카카오 열매를 갈아서 만드는 초콜릿은 종교적인 이유와 전투에 나가기 전 병사들의 기운을 북돋울 목적으로 사용되었다. 카카오는 또한 화폐로도 사용되었다.

마야인들에게 카카오는 장수와 인내를 상징했다.

구인 광고

아즈텍 특수부대 요원 모집

- **재규어 용사 결원 보충** 전투시 최전선에 배치될 요원으로 노동자 계급만 지원 가능.

- **재규어 용사 지원자는** '12명의 적 생포하기' 테스트를 통과해야 함.

- **독수리 용사 결원 보충** 정탐 또는 전령 요원으로 활동하며 귀족 출신자만 지원 가능.

사원

> 아즈텍의 수도였던 테노치틀란의 폐허 위에 현대의 멕시코 시티가 건설되었다.

아즈텍의 수도 테노치틀란

테노치틀란은 텍스코코 호수 한가운데 위치한 늪으로 된 섬에 건설되었는데, 3개의 둑길로 뭍과 연결되었다. 그 도시의 인구는 20만 명으로 동시대 유럽의 어느 도시보다도 컸다. 그 도시 중앙에 대신전이 있어 종교 의식의 중심 역할을 했다. 두 개의 작은 신전들은 각각 비의 신인 틀랄록과 전쟁의 신 위칠로포치틀리에게 봉헌되었다.

건축

신을 진정시키기 위해 건축된 마천루

피라미드는 사실 신전이다. 신도들은 이 피라미드 신전의 바로 앞 또는 조금 떨어져서 야외 종교 의식에 참석한다. 그들은 봉헌물과 인신 공양을 통한 의식을 통해 신들에게 건강과 양식을 줄 것을 요청한다. 하지만 이것은 그들이 잔인해서가 아니라 신을 진정시킬 목적에서 필요한 종교의식이었다. (피라미드에 대한 보다 많은 정보를 위해서 '이집트 문명'을 참조하세요.)

속보

정글에서 발견된 수학

알려지지 않은 마야의 천재가 매우 정교한 계산법을 발명했다. 이 계산법으로 셈을 하기 위해서는 오직 세 가지 기호만 필요하다. 옆으로 그은 선 하나는 5를 표시하고, 점 하나는 1을 표시하는데 네 개까지 사용하며, 길쭉한 타원으로 0을 표시했다. 오늘날 우리는 십진법을 사용하고 있으나 마야인들은 20진법을 사용했다.

마야의 계산법을 배워 봅시다!

기술

정확한 마야 달력

마야의 태양력에서 1년은 대략 365일이었으며, 20일을 한 달로 하여 18개월로 나누었다. 달에서 빠진 5일은 불운한 날들로 여겼는데 매년 마지막 날이 여기에 해당되었다. 각 달의 이름은 자연과 관련해 지었다. 달력으로 씨 뿌리는 시기와 수확하는 시기를 정했는데, 16세기 유럽의 달력보다 더 정확했다.

종교

최고의 신, 날개 달린 뱀

날개달린 뱀인 케찰코아틀은 아즈텍 문명에서 가장 중요한 신이다. 그 신은 땅위를 기어다는 모든 것과 하늘을 날아다니는 모든 것을 대표하는 존재로, 다시 말해서 세상의 모든 피조물을 나타낸다. 이 신성을 나타내는 여러 이미지 중에는 수염을 기른 백인의 모습이 있었으므로, 스페인의 정복자 헤르난 코르테스가 나타났을 때 원주민들은 그가 케찰코아틀이라고 믿었다.

Quetzalcóatl (Borbónico 22)

콜럼버스가 미 대륙을 발견하기 이전의 시대 / 77

스포츠

공놀이 경기장

도시마다 주요 종교 행사장에 공놀이 경기장이 설치되어 있다. 선수들은 팔이나 팔꿈치 또는 엉덩이로 딱딱한 고무공을 쳐서 경기장에 돌로 만들어 놓은 골대에 집어넣어야 한다. 선수 중 한 명은 경기가 끝나고 희생 제물이 될지도 모른다. 처음부터 이 경기는 종교적인 의미를 지니고 있다. 경기장은 우주를 상징하고, 경기 중 공의 움직임은 태양, 달 또는 특정 행성의 궤도를 상징한다. 하늘은 천상의 존재들이 별들을 가지고 공놀이를 하는 경기장이다.

이번 주 중앙아메리카 공놀이 경기 결과

올메카 시티	3	톨테카 셀틱	0
마야 원더러스	2	아즈텍 유나이티드	5
텍스코코 F.C.	1	유카탄 로버즈	1
테노치틀란 재규어스	2	치체니차 레인저스	4

중앙아메리카 문명의 중심 내용

그들은 바퀴를 사용했나요?
예, 하지만 그들은 아이들의 장난감에만 사용했어요.

그들은 무엇을 먹었나요?
옥수수. 토틸랴(얇게 구운 옥수수빵)를 만드는 재료로 사용했죠.

마야인들은 글을 쓸 줄 알았나요?
예, 그들의 문자 체계는 상형 문자를 기초로 하고 있어요. 아직 그 전체 문자가 해독되지 못한 마야의 암호 체계는 그들의 일상과 그 밖의 수수께끼 같은 내용들을 쓰고 있지요.

그들은 철기를 사용했나요?
아니오, 그들은 그 지역에서 나는 화산암인 흑요석을 사용했어요.

몬테주마는 누구인가요?
아즈텍의 마지막 황제. 그는 코르테스에 의해 체포되어 감옥에서 죽었죠.

일화

유카탄

아메리카 대륙에 도착한 초기 스페인 사람들이 그 지역을 무엇이라고 부르는지 물었다고 한다. 원주민은 무슨 얘기인지 못 알아듣겠다는 의미로 '유카탄'이라고 외쳤는데 그 대답이 지명이 되었다.

78 / 우주를 끌어안은 문화의 연대기

관광

자우자 지역

1534년에 스페인의 정복자 피자로와 그의 부하들이 잉카 제국의 수도 쿠스코로 진격하기 전에 자우자 계곡에서 오랫동안 머물렀다. 자우자의 기후는 온화하고, 거대한 창고인 탐푸스에 잉카 제국의 막대한 식량과 의복, 그리고 그 밖의 생필품들이 보관되어 있었다. 이 물품들을 사용하면서 이 참략자들은 수개월 동안 매우 안락한 생활을 할 수 있었다. 여기서 '자우자 지역'에 대한 신화가 탄생했다.

잉카의 매듭 문자

수량의 표시

잉카인들은 문자 체계를 갖고 있지 않았다. 하지만 그들은 실을 사용하는 '키푸'라는 체계로 정보를 기록할 수 있었다. 여러 가지 색상으로 염색해서 하나, 둘, 또는 셋의 매듭을 가진 실들을 큰 끈에 매달아서 표시했는데 색상은 물건의 종류를 나타내고, 매듭수는 그 물건의 개수를 나타냈다. 이와 같은 방법으로 비축된 식량이나 라마와 같은 가축의 수량을 표시할 수 있었다.

> 현존하는 가장 오래된 '키푸'는 페루의 카랄 요새에서 발견되었는데, 약 4500년 전의 것으로 추정된다.

잉카의 점성술

아리에스카막
개기 일식은 물살 센 강을 가로지르는 다리를 건너지 말라는 계시가 아니다. 자신의 기술력을 믿어라. 잉카인들은 협곡 양쪽을 밧줄로 만든 다리로 잇는 데 능숙하다.

타우로포펙
앞날에 대해 걱정하지 마라. 잉카 사회는 병든 자와 노인, 장애인들을 잘 돌봐 준다. 그리고 왕실 창고에 보관된 음식과 의복을 그들에게 나누어 준다.

제미나코
라마를 타고 여행하지 마라. 이번 달은 죽은 자의 달인 11월이다. 미라가 된 황제를 모신 종교 의식 행렬이 매일 길에서 이루어진다.

사기위판퀴
감자를 심지 마라. 스페인 사람들이 오고 있다.

콜럼버스가 미 대륙을 발견하기 이전의 시대 / 79

저승으로부터의 뉴스

조상 숭배

카마퀜은 생명력이다. 인간, 미라가 된 조상, 동물, 그리고 언덕이나 호수, 돌과 같은 자연은 모두 이런 생명력을 갖고 있다. 우주는 신성하다. 특히 위인의 미라는 제일 신성하다. 이런 신앙 때문에 시체는 온전하게 보전되어야 한다. 이런 목적에서 여러 가지 방법으로 미라를 만들게 되었는데, 여기에는 기름이나 흰 옥수수 반죽 등이 사용되었다.

잉카인들은 조상 숭배를 중요시했으므로 미라를 만드는 풍습이 생겨났다.

뉴스 업데이트

- 릴레이 경주자들이 쿠스코에 살고 있는 황제에게 태평양에서 잡은 신선한 생선을 배달하다.
- 삭사이후아만 요새는 거대한 돌덩어리들로 만들어졌는데, 지진이 나면 조금씩 움직이다가 다시 원상태로 돌아온다.
- 날개를 달고 눈물을 흘리는 비라코차는 푸마나 콘돌과 함께 등장하는데, 창조의 신으로서 종종 파괴의 신 인티와 대결한다.
- 잉카 문명의 최대 업적은 지리적인 난관에도 불구하고 견고한 정치 조직체를 만들었다는 것이다. 그들은 3500km나 되는 지역을 200년 동안에 정복했다.
- 스물여섯 번째 인티 라이미 축제가 성황리에 열렸다.

인티 라이미는 잉카의 신 인티를 기리는 고대의 종교 의식이었다. 그러던 것이 화려한 색채와 음악, 춤을 곁들인 진짜 축제가 되어 세계 각지로부터 관광객을 끌어들인다.

건설

태양 신전

황금빛 안마당을 의미하는 코리칸차는 잉카에서 가장 중요한 사원으로 수도인 쿠스코에 있다. 그 곳은 태양신의 수석 사제인 윌락 움무의 집으로, 그는 종교적인 의식들을 주재하고 천문학적인 문제들을 다룬다. 신전 안쪽에는 주요 신들과 페루의 동식물 상들이 금과 은으로 만들어져 있다.

쿠스코에 있는 산토 도밍고 교회는 코리칸차 폐허 위에 지어졌다.

장엄한 문명의 연대기
비잔틴 제국

사설

로마 제국은 아메리카 대륙이 발견되기 직전까지 지속되었다. 어떻게 그것이 가능했을까? 제국이 쇠락의 길로 접어들자 황제는 동쪽으로 이동해서 찬란한 문명의 중심이 된 콘스탄티노플(현재의 이스탄불)을 수도로 정했다. 이것이 최초의 그리스도교 제국인 비잔틴 제국인데 동서남북으로 교역로가 관통하고 있다. 이 새로운 제국의 법과 행정 체계는 로마식이지만, 언어와 문학은 그리스식이다. 이 제국은 열렬한 그리스도교 신앙과 고전 문화로 이루어진다. 비잔티움은 중세 유럽의 암흑기 동안 그리스도교 신앙과 고대로부터 전해진 뛰어난 문명을 고스란히 간직하고 있다.

비잔틴 제국은 그리스도교의 보루로서 이슬람교가 서유럽에 전파되는 것을 차단하는 역할을 했다.

기네스 기록

제국의 침략당한 횟수로 황제의 이름이 기네스북에 올랐다. 고트족, 훈족, 페르시아 군대, 아바르족, 불가리아족, 슬라브족, 바이킹족, 아랍족, 무슬림 해적들, 터키족, 십자군, 노르만족 등등 온갖 족속들이 비잔틴 제국을 정복하려고 했다.

최초의 화염방사기

기술

비잔틴 제국은 뱃머리에 화염방사기를 장착해서 수많은 적들을 물리쳤다. 이 화염 물질은 황과 나프타, 생석회, 초석의 혼합물이다. 물을 끼얹으면 오히려 더 잘 탄다.

주요 기사

인구 1백만 명의 콘스탄티노플

대경기장에서 거행된 행사에서 콘스탄티노플의 1백만 번째 시민에게 엄청난 경품이 제공되었다. 이 믿어지지 않을 만큼 부유한 도시는 약 1천 년 전에 비자스라는 그리스 선원이 정착하면서 시작되어 그 이름이 비잔티움이 되었다. 이 명칭은 콘스탄티누스 황제가 페르시아 군대를 저지하기 위해 이 도시를 점령할 때까지 사용되었다. 맨 처음 이 도시 이름으로 '새로마'가 고려되었는데, 결국 '콘스탄티누스의 도시'라는 의미의 콘스탄티노플로 결정되었다. 이 도시가 건설되는 데는 6년이 걸렸다. 콘스탄티노플의 항구는 '골든혼(황금뿔)'이라는 이름을 갖고 있는데, 그 이유는 이 곳으로 비싼 상품들을 실은 배들이 몰려들었기 때문이다.

골든혼 항구는 콘스탄티노플의 번영과 발전에 막대한 기여를 했다.

최신 뉴스

술탄, 콘스탄티노플 정복 선언

세르비아의 오르반이 콘스탄티노플의 성벽을 부수기 위해 세계 최대의 대포를 제작했다. 이 대포의 길이는 8m나 되며, 30kg 무게의 석재 포탄이 1600m 거리까지 날아갈 수 있다.

82 / 장엄한 문명의 연대기

건축

이것은 황제 유스티니우스 1세가 아야소피아 성당을 준공하면서 한 말이다. 확실히 이 건축물은 솔로몬 신전보다 훨씬 낫다. 그 교회의 중앙 돔은 직경이 31m나 된다. 건축에는 1만 명의 사람들이 동원되었다. 처음 성당을 여는 날 한 예언자가 몇 명의 황제들이 이 곳에서 대관식을 치를 것이지만, 결국엔 회교 성당인 모스크로 쓰일 것이라고 예언했다. 그는 체형을 당했다.

> 솔로몬, 내가 당신을 이겼어!

10,000

뉴스 서비스

열세 번째 사도

황제는 그리스도교를 국교로 받아들인 이후로 더 이상 신이 아니다. 따라서 그는 예수의 열세 번째 사도로 강등되었다.

정치

예수의 사도였음에도 불구하고 총 88명의 황제들 중에서 29명이 여러 음모로 참혹한 죽음을 맞았다. 이제 '비잔틴' 이라는 단어는 음모와 사악함의 동의어가 되었다.

종교

성 시므온은 음식물을 바구니로 받아먹으며 기둥 꼭대기에서 35년을 살았다. 그의 추종자들은 스타일리스트라고 불렸는데, 이는 그리스어로 기둥을 의미한다.

변화의 징후

유스티니아누스 법전과 여성

로마법을 보완한 유스티니아누스 법전에 여성들에게도 남성들과 동등한 자식 양육권을 부여하는 내용이 추가되었다. 강력한 가부장제가 사라지는 중이다. 유스티니아누스 1세의 아내인 테오도라는 새로운 법령이 여성의 권리를 고려한 것이라고 했다.

문닫는 철학 학교들

플라톤 시대에서부터 수천 년을 유지해 온 아테네의 철학 학교들이 이교주의의 유물이라는 이유로 유스티니아누스 1세의 칙령에 의해 문을 닫게 되었다. 하지만 학자들은 여전히 고대 그리스 문헌들을 필사하고 있으며, 이는 르네상스 시대를 여는 밑받침이 된다.

국제 협약

세 번째 로마

지중해의 국제적인 스타일과는 달리 모피, 눈폭풍, 보드카로 대변되는 모스크바에 비잔틴에서 세 번째 로마라는 호칭을 붙여 주었다. 이런 조치는 러시아가 1천 년경에 그리스도교 국가로 개종했기 때문이다. 러시아 귀족들이 동로마 제국을 극도로 흠모한 나머지, 이제 이 나라 지도자들의 칭호는 로마 황제 케사르를 지칭하는 '차르'가 되었다.

비잔티움 시의 성벽은 아주 효율적인 방어 체계를 갖추고 있어, 한때 유럽에서 가장 난공불락인 요새로 꼽혔다.

'머리는 크지만 몸뚱이가 없다'

이는 오스만 제국의 술탄 메머드 2세가 비잔티움과 그 일대를 수차례의 공격한 끝에 비잔틴 제국에 대해서 한 말이다. 십만 명이 넘는 술탄의 군대가 6주간 공격한 끝에 겨우 이 도시를 점령하였다. 그 때가 1452년이다. 술탄 군대의 한 병사가 아야소피아 교회의 모자이크 창문을 부수려고 하자, 메머드 2세는 그를 잡아서 체형으로 다스렸다.

아메리카 원주민

친환경적인 삶을 사는 사람들의 연대기

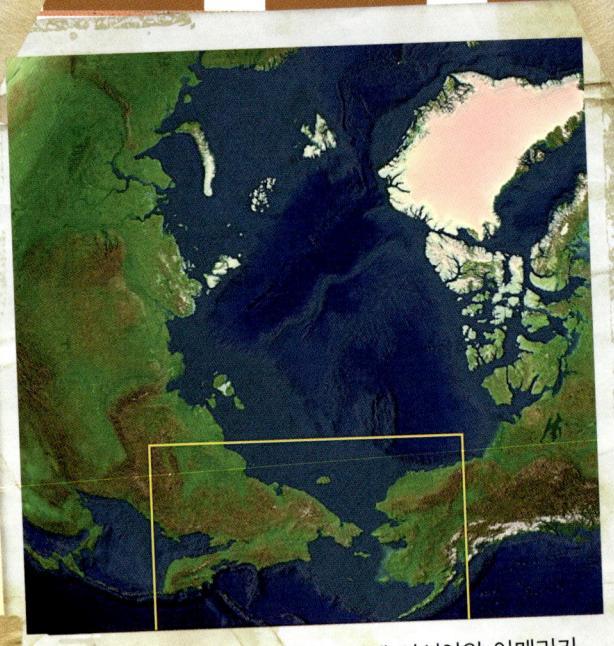

4만 년 전에는 베링 해협 대신에 아시아와 아메리카 대륙을 연결하는 얼음 다리가 형성되어 있어서 두 대륙 사이를 오갈 수 있었다.

사설

크리스토퍼 콜럼버스가 최초로 아메리카 대륙을 발견한 사람은 아니다. 이 땅에 첫 발을 디딘 사람들은 시베리아와 알래스카를 잇고 있는 베링 해협을 건넌 아시아의 사냥꾼들이다. 이런 사건이 약 4만 년 전에 있었다. 아메리카 인디언이 서양에서 불후의 명성을 얻긴 했지만, 그들의 생활 양식이나 풍습은 아직 잘 알려져 있지 않다. 대초원에서 그들은 들소를 먹고살았으며, 태평양에서는 물고기 낚시와 고래 사냥을 해서 먹고살았다. 숲속에서는 옥수수를 경작하고 사슴을 사냥했으며, 태양 춤을 즐겼다.

온천

이동식 사우나

인디언들은 목욕탕이 있지는 않았지만 대신에 짐승 가죽으로 두른 나무 토막으로 지은 한증막이 있었다. 그 안에 뜨겁게 달군 돌들을 놓고 물을 부어서 수증기를 만들었다. 이것은 단순한 목욕 시설이 아니라 중요한 종교 의식 전에 몸을 정결하게 하기 위해 사용되었다.

최근 소식

코만치 용사

"나는 바람이 자유로이 불고 태양빛이 내리비치는 대초원에서 태어났다. 나는 구속하는 어떤 울타리도 없어 모든 것이 자유로운 그런 곳에서 태어났다. 나는 벽 속에 갇혀 죽기보다는 그 곳에서 죽고 싶다."

종교

인디언들의 위대한 신비

자연적이고 영적인 세계는 지구상에서 하나가 된다. 세계는 힘으로 가득 차 있다. 특이한 외양 때문에 신성해 보이는 힘이 왕성한 들소, 매우 현명한 사람, 또는 돌 등과 같은 강하고 경이로운 존재에서 인디언들은 그 힘을 느낀다. 그 밖에 하늘, 대지, 태양 그리고 달이 있는데, 모든 힘은 '위대한 신비'로부터 온다.

자연은 우리의 어머니다. 모든 신은 자연으로부터 나온다. 그러므로 마땅히 자연을 보살펴라.

생활 양식

유목 생활

인디언들은 양식을 가져다주는 들소를 따라다닌다. 여름에 들소들은 많은 풀들이 있는 곳에 무리를 짓는다. 계절이 바뀌면 먹을 것을 더 쉽게 찾으려고 작은 그룹으로 떨어져 다닌다. 인디언 종족도 그렇다. 그들은 씨족으로 분리되어 가을과 겨울을 보내고 축제를 위해 다시 모인다.

인디언의 생활은 들소 사냥을 따라 구성된다.

인디언들이 남긴 것들

티피
동물 가죽으로 된 원뿔형 천막.

이글루
눈덩어리로 지어진 돔 모양의 집.

모카신
짐승 가죽으로 만든 부드러운 신발이나 부츠.

토마호크
둥근 날이 있는 전투용 도끼.

토템 기둥
가족이나 조상을 나타내는 상징들로 조각된 나무 기둥.

샤먼
영적 세계와 접촉하는 사람. 샤먼은 신의 뜻을 전할 수 있다.

카누
가볍고 폭이 좁은 배로 앞뒤가 날카롭고 용골(배의 뼈대)이 없다. 노로 젓는다.

뉴스 속보

알고 있나요?

대부분의 미국의 주 이름들이 아메리카 인디언 언어에서 비롯되었다.

- **앨라배마** : 인디언의 촉토족 말로 식물 채집자를 의미한다.
- **알래스카** : 알류트족 말로 위대한 땅을 의미한다.
- **애리조나** : 오담족 말로 작은 샘을 의미한다.
- **일리노이** : 알곤킨족 말로 초인 종족을 의미한다.
- **캔자스** : 수우족 말로 남풍의 사람들을 의미한다.
- **켄터키** : 이로쿼이족 말로 내일의 땅을 의미한다.
- **미네소타** : 다코타족 말로 하늘빛 물을 의미한다.
- **네브래스카** : 오토족 말로 낮은 물을 의미한다.
- **뉴멕시코** : 아즈텍족 말로 멕시틀리(Mexitli, 아즈텍 신 또는 지도자.)를 의미한다.
- **오하이오** : 이로쿼이족 말로 위대한 강을 의미한다.
- **오클라호마** : 촉토족 말로 붉은 인종을 의미한다.
- **노스다코다, 사우스다코다** : 라코타 족 말로 동맹을 의미한다.
- **와이오밍** : 문시족 말로 큰 식물을 의미한다.

한밤의 축제

금요일의 큰 파티를 놓치지 마세요

태양춤

가장 중요한 축제가 멋진 여름 캠프 동안 열린다. 백양나무를 잘라서 캠프 바닥에 고정시킨다. 4일 동안 댄서들이 먹지도 마시지도 않고 태양을 바라보며 기둥 주위에서 춤춘다. 몇몇은 나무 기둥에 붙어 있는 뾰족한 나뭇가지로 자신의 살을 꿰뚫는다. 이런 방식이 '위대한 신비'에 더 가까이 다가갈 수 있도록 해 준다고 믿기 때문에 그들은 고통을 참아 낸다.

인물

대초원의 남자

앉아 있는 소
수우족 추장이며 종교 지도자. 평화와 전쟁을 거치며 30년 동안 싸워서 사람들이 땅을 지킬 수 있도록 해 주었다. 1890년 고스트 댄스 학살 때 사살되었다.

빨간 구름
10년 동안 '다코타의 검은 언덕'에서 백인들을 물리쳐 낸 수우족 추장. 그러나 말년에는 저항을 포기하고 인디언 보호 거주지에 정착했다.

얼굴에 비
리틀 빅 혼 전투에서 싸운 수우족 용사. 이 전투에서 커스터와 그의 부하들이 전멸당했다.

일대기

커스터

에드워드 S. 커스터
대초원에서의 나의 삶

아메리카 인디언들의 미신, 이야기, 그리고 전설

웨스트포인트에서 공부했다. 대초원의 인디언들과 여러 차례 싸웠다. 그는 인디언들을 존경했으며, 그의 저서 《대초원에서의 나의 삶》에서 다음과 같이 말했다. "인디언들이 오랫동안 자기 것이라고 생각하고 사냥해 왔던 땅을, 이 만족할 줄 모르는 괴물들이 그들에게 요구할 때 호소는 통하지 않는다. 인디언이 항복하거나…… 그 괴물이 무자비하게 파괴하면서 밀고 나갈 것이다. 운명은 그리 정해진 듯하고, 세상은 방관하면서 찬성의 뜻을 표한다."

자연의 혜택

들소가 주는 것들

들소는 사람들에게 고기와 옷을 제공하고, 뿔로 숟가락을, 뼈와 두개골로 종교 의식에 사용하는 칼을, 방광으로는 음식을 담는 가방과 인디언 깃털 모자 등을 제공한다.

무시무시한 선원들의 연대기
바이킹족

스포츠

얼음 위에서 바이킹 파티를
바이킹들은 적을 공격하기 위해서가 아니라 놀이삼아 아이스 스케이팅을 한다. 그들은 잘 다듬은 말과 소의 다리뼈로 만든 스케이트를 이용해서 막대를 가지고 밀치며 나간다.

스웨덴의 체육관은 맨처음 어떻게 만들어졌을까?
바이킹들은 스웨덴 사람들이 체육관을 발명하기 훨씬 이전에 그들에게 훈련 방법을 가지고 그 곳에 도착한다. 그들은 배가 움직이고 있을 때, 바이킹선의 옆을 따라 노 사이를 건너뛰면서 달린다.

사설

바이킹은 덴마크, 노르웨이 남부 지방과 스웨덴 등지에 살며 용감히 망망대해에 도전하는 자유로운 사람들로 위대한 개척자들이다. 그들은 아이슬란드와 그린란드를 발견하고, 심지어 콜럼버스가 미국을 발견하기 훨씬 전에 미국에 도달했다. 그들이 가는 곳 어디서나 교역이 이루어졌지만 또한 오랫동안 바다에서 공포의 대상이었다. 그들은 유럽 해안 지역을 약탈하고 파리, 세비야, 그리고 시칠리아까지 세력을 뻗치고 러시아의 강을 따라 흑해까지 항해했다.

수세기 동안 바이킹족은 중세의 가장 뛰어난 선원들이며 탐험가들이었다.

> 노브고로드의 성 소피아 대성당은 12세기 말 러시아공국 통치 시기에 세워졌으며 러시아에서 가장 오래된 대성당이다.

국제

러시아인의 기원은 바이킹이다!

바이킹들은 생산품을 교역하기 위해 드네프르강과 볼가강의 고속 수로를 이용한다. 그들은 콘스탄티노플과 투르키스탄 지역까지 나아가 노예, 모피 및 서구의 무기들을 거래한다. 바랑인으로 알려진 스웨덴 바이킹들은 러시아의 기원인 키예프 공국의 설립 주역이다. 사실 러시아라는 이름은 바이킹이라는 의미의 슬라브어 Rus로부터 나온 것이다.

최신 뉴스

콜럼버스에 앞서 신대륙에 도달한 사람들

노르웨이의 바이킹들은 아이슬란드까지 이르렀다. 에릭 더 레드(그린란드 최초 발견)는 그린란드에 상륙했고, 그의 아들 리프와 소발트는 실제 노바스코티아(캐나다에 있는 주)로 밝혀진, 그들이 핀란드(포도주의 땅)라 부른 땅에 도착했다.

에릭 더 레드는 그린란드에 첫 바이킹 정착지를 만들었다.

 광고

당신의 피요르드에 바이킹선을 들여놓으세요!

공포감을 주는 용으로 뱃머리를 장식함.

☞ 바이킹들의 새 운송 수단인 바이킹선을 구입하세요.
☞ 여러 가지 활동을 위해 : 낚시, 교역, 탐험, 습격 등등.
☞ 매우 안정적이므로 대양뿐만 아니라 얕은 천에서도 조종이 쉽습니다.
☞ 또한 바이킹들의 관습인 뱃머리에 물을 뒤집어쓰는 것도 가능합니다.
☞ 바이킹선을 조종해서 유럽을 공포에 떨게 하세요. 바이킹선은 바이킹 번영의 기반입니다.

바이킹의 신들

오딘
전쟁과 과학의 신.

조르문건드르
바다뱀으로 인간 세상의 주된 적.

토르
오딘의 아들. 일종의 쇄석기인 그의 마법 망치 몰니르는 그것을 던진 자의 손으로 다시 돌아오는 특성이 있다.

로키
내기에서 진 후 자기 입을 꿰매어 버린 말썽꾸러기 신.

바이킹의 룬 문자는 마력을 지니며 예언적인 의미를 갖고 있다.

바이킹의 알파벳

바이킹 알파벳에는 16철자만 있다. 이 철자들을 룬 문자라고 하며 그 문자가 마력을 지닌다고 여긴다. 바이킹들은 룬 문자를 검에 새기면 더 강해진다고 믿는다.
(룬 문자의 철자는 영어와 같다.)

북유럽 신화에 나오는 발키리의 모습

하늘을 나는 발키리

발키리는 말을 타고 하늘을 날아다니는 젊은 처녀들이다. 그들은 사람들이 전투 중일 때만 나타난다. 그리고 그 때 그들은 누가 죽을지를 결정한다. 발키리들은 전사자나 영웅을 바이킹의 천국인 발할라에 데려가는데, 그 곳의 벽과 천정은 창과 방패로 만들어져 있다.

바이킹의 후손, 알프레드 노벨

인물

나는 바이킹들이 전쟁을 일으키는 것만을 좋아한다고 생각하지 않는다. 그들은 또한 시를 사랑한다. 파티에서는 누군가가 고대 시를 읊거나 새로운 시를 짓는다. 전국을 유랑하며 숙식을 제공하는 주인에 대한 칭송으로 대가를 치르는 시인들이 있다. 아주 유명한 어떤 바이킹 시인은 적의 포로가 되었을 때 그들을 기리는 시를 지어 겨우 자기 목숨을 건지기도 했다. 그들은 또한 훌륭한 작가들이다. 스노리 스털러슨이라고 하는 한 아이슬란드인이 아이슬란드로 이주해 온 바이킹들에 관한 몇몇 전설을 썼다. 이 글들을 영웅 전설이라고 한다.

음유 시인, 성곽, 봉신들의 연대기
중세 시대

사설
중세 시대는 로마의 영화를 뒤로한 채 촌티 나는 생활로 되돌아감을 의미한다. 모든 것이 더 작아지고 더 제한된다. 도시들은 텅 비고 성벽으로 둘러싸인다. 성에는 봉건 군주들이 그 위에서 영지의 소작농들을 지켜볼 튼튼한 성채를 쌓는다. 고트족, 색슨족 그리고 프랭크족과 같은 야만족이 로마 제국의 잔재와 그리스도교에 융화되면서 중세가 도래한다. 모든 것이 이제 신이라는 이름 아래 판단된다. 도시들은 천천히 길드 및 교역과 함께 되살아나고 수도원의 학문에 의해 도시생활이 또다시 시골생활을 대체하게 된다. 마침내 르네상스의 동이 틀 것이다.

소요

시민권의 축소
귀족들에 의해 로마 시민들이 점차 토지에 부속된 농노로 전락하자, 이에 대항하여 농노들이 옛 로마의 길을 봉쇄했다.

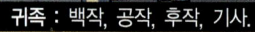

귀족 : 백작, 공작, 후작, 기사.
성직자 : 수도원장, 주교, 마을 사제, 수도사
평민 : 소작농, 농노.

전염병
하멜린의 피리 부는 사나이, 쥐를 박멸하다
쥐를 감염시키는 기생충에 의해 발생하는 흑사병으로 유럽인들이 대량으로 죽어갔다. 하멜린 마을 사람들은 전염병과 싸우기 위해 피리 부는 사나이를 고용했다.

흑사병이 유럽 인구 $\frac{1}{3}$ 의 목숨을 앗아간 것으로 추정된다(14세기경).

인물

샤를마뉴 대제, 유럽 연합의 원조

카롤링거 제국의 황제인 샤를마뉴 대제에게 한 가지 아이디어가 생겼다. 가능한 한 모든 나라들을 연합함으로써 구 로마 제국을 재건한다는 것이다. 프랭크 민족이 이미 갈리아, 독일 일부 지역, 카탈로니아 북부 지역 및 이탈리아 북부를 지배한다. 바이킹, 야만족 무리들, 그리고 사라센 사람들은 유럽 연합에 대한 샤를마뉴의 생각에 반대한다.

샤를마뉴 대제는 피레네 산 너머 저편에 무어족에 의해 막힌 에브로 강까지 세력을 뻗치고자 했다.

중세의 봉건주의

로마 제국의 분열로 인해 지방의 지도자들이 지배력을 갖게 되었다. 그들은 귀족이 되고 점차 봉건주의를 도입해서 권력이 없는 사람들은 봉건 신하가 되어 그들의 영주를 보호한다. 유럽 국가들은 이와 같은 체제로 발전하게 된다.

광고

- 성경에 삽화 그림
- 법전 복사
- 그리스와 로마의 철학 필사본들 재복사
- 의학, 천문학 및 동양의 수학 논문들 번역
- 기술 강의

수도원을 무료로 이용하세요!
세부 안내 : 오라 엣 라보라(기도하고 일하라) 거리

전투를 좋아하지 않나요?
다른 왕국을 정복할 야심이 없나요?
십자군 원정에 참여하는 데 시큰둥한가요?
우승 쟁탈전 같은 게 별로 재미없나요?

당신은 분명 학자의 영혼을 가졌군요!
우리 수도원으로 오세요!

제한 구역

여행 리포트

고딕식 마천루

나는 산 속에 을씨년스럽게 두꺼운 벽들로 된 사원들이 있는 로마네스크 시대에 왔다. 여기에는 아름다운 롬바르드풍의 종탑들이 있고, 동쪽 돌출부에 오색찬란한 그리스도의 그림이 그려져 있다. 그런데 도시를 떠나 이 곳에 와서 형형색색 무지갯빛으로 변하는 유리창에다 돔과 넓은 공간, 긴 기둥들로 이루어진 웅장한 건축물들을 보니 여기가 천국의 신전이라는 생각이 든다.

노르망디의 장 뒤퐁

평생 교육

헬멧 아카데미, 중세 기사 과정 개설하다

자격 : 지주나 봉건 군주의 아들
본 과정의 목적 : 바이킹, 사라센인, 헝가리인, 도둑들 등과 싸우기 위해 조련함
1년차 : 식사 시중 및 말 타는 법 배우기, 견습기사 자격증
2년차 : 군주의 무기 운반, 기사의 종자 자격증
3년차 : 기사의 서약식. 명예와 정의를 명상하며 교회에서 하룻밤 보내기
학위 : 어깨에 검을 대며 기사로 임명함

중세 시대 / 95

레저

예루살렘으로 떠나기

프랑스, 영국, 로마 제국에서 삼종기도 시간에 출발

우리가 서로 알아보기 쉽도록 가슴 쪽에 커다란 십자가가 그려진 편안한 십자군 의복을 입을 것. 투구와 갑옷의 착용을 권장함.

여행 일정

콘스탄티노플 도보 여행. 비잔틴 제국 가이드 투어, 그리고 저녁에는 예루살렘을 포위할 것이다.

특별 활동

성지의 그리스도 교인들을 보호하기 위한 십자군 기사 요새 건설.

강의

'오늘 하루 템플 기사단원 되기', 템플 기사단 수도사가 순례자들을 보호하는 법에 대해 강연할 예정.

※ 예수 십자가상과 해충 퇴치제 지참할 것.
더 자세한 안내는 십자군 여행사에서 알아볼 것.

주간 일지

다음 주 토요일, 허수아비

중세 기사가 실제로
어떻게 조련되는지 알고 싶나요?

이번 주말에 성벽에 와서 첫 허수아비 토너먼트를 가족과 함께 즐기세요(허수아비는 갑옷으로 보호됨).

창을 던져 허수아비를 떨어뜨려 보세요.

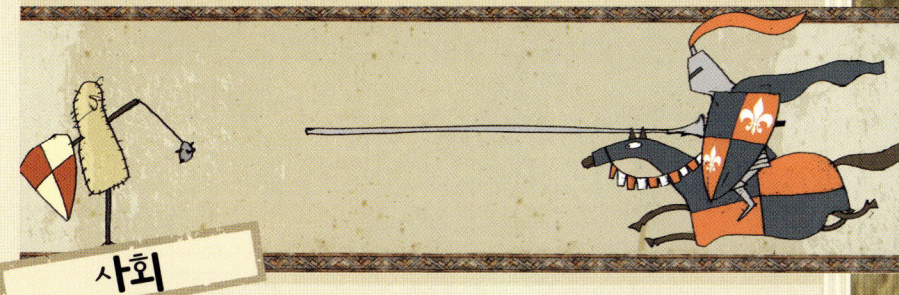

사회

복고풍의 도시

12세기 이래로, 도시에서는 왕이나 군주에게 금을 지불하고 자유를 누릴 특권을 인정받아 왔다. 도시는 성벽으로 둘러싸인 요새이다. 주교, 군주, 그리고 왕도 산다. 도시는 또한 주요 시장들과 상점들의 중심지이다. 시골과는 달리 도시에서는 이주의 자유가 있다. 새로 전입한 사람들은 동네 사람들로부터 환영받는다. 부자와 가난한 자들이 서로 적대적이지 않지만, 어울려 지내진 않는다. 사상과 지식의 교환이 있을 수는 있다. 하지만 대부분의 사람들은 여전히 시골 생활을 계속하는 편이다.

96 / 음유 시인, 성곽, 봉신들의 연대기

연예

난봉꾼 노래

원래 프로방스 출신인 트로바도르는 연가와 시를 썼다. 귀족 가문들 중에서는 결혼이 정치적이거나 가족적인 문제들을 위해 성사되어, 사랑은 흔히 외도를 통해 추구되었다. 트로바도르는 이런 관계들이 아주 좋은 것이라고 찬양했다.

> 나는 그대에게 충실하고파
> 당신의 명예를 지키며
> 평온을 추구하며 순종하리
> 그대를 섬기고 존중하리
> 죽음에 이를 때까지.
> 그 누구와도 비교할 수 없는 여인이여
> 나 그대를 진실로 사랑하노니
> 깊은 바닷물을 금세 마르게 하거나
> 파도를 멈추게 하는 것이
> 그대를 향한 내 사랑을 거두는 것보다
> 쉬우리.
> 한 점 거짓 없이 나의 생각,
> 나의 기억, 나의 즐거움,
> 그리고 나의 욕망이
> 영원히 당신에 관한 것일지니.

일자리 안내

초기 조합들

도시가 성장함에 따라 교역도 커진다. 상인과 장인들은 길드라는 조합을 결성했는데, 종종 시 당국보다 더 강력한 힘을 발휘했다. 길드는 독점적인 단체로서, 길드 회원들만이 특정 도시에서 교역을 할 수 있거나 특정 품목을 취급할 수 있었다. 이 조합의 가입 자격은 엄격한 규칙에 따라 주어졌다. 열망을 가지고 들어온 회원일지라도 수년 동안 도제 수련을 거친 후 대가 밑에서 기능인으로 일하고, 어려운 시험을 합격해야만 자신의 사업을 시작할 수 있었다.

중세 작업장에서 일하는 기능인.

> 중세 작업장에서 보조할
> 수공예에 관심 있는 기능인.
> 최상의 교육 및 길드
> 회원 가입 노하우 전수.

중세 시대 / 97

종교

교황의 출현

미트라신(로마의 태양신), 이교도주의, 드루이드교 사제, 기타 이단들을 제거하고 난 후, 그리스도교는 이제 서구를 단합시키는 영적인 힘이다. 교황은 로마 제국을 재건하려는 야만족 왕들과 장차 출현할 유럽 국가의 왕들보다 더 큰 힘을 행사한다. 교황의 권위는 성 베드로로부터 계승한 것이다. 복음서에는 이렇게 기록되어 있다. "너는 베드로라, 내가 이 반석 위에 교회를 세우리라." 교황은 주교, 성직자들 및 십자군을 거느린다.

주요 뉴스

성 프란체스코 수도회

아시시 지방 출신의 프란체스코는 부유한 가문을 떠나 성 프란체스코 수도회를 창립했다. 그는 자비로운 그리스도의 사랑을 전파하며 빈곤한 삶을 영위했다. 그는 정처 없이 떠돌아다니며 아주 기본적인 생활을 위해 자선에 의지해 살거나 때때로 노동을 하며 살았다.

프란체스코 수도회는 현재 세계에서 가장 큰 교단이다.

문예 부흥의 연대기
르네상스

사설

르네상스는 중세의 무기력으로부터 깨어나는 과정이다. 바바리안(로마가 지칭한 당시 게르만족)들에 의해 로마 제국이 멸망한 후, 유럽은 문화적으로 빈곤해진다. 종교만이 사람들을 구원한다고 믿었지만, 교역을 통해 부유한 상인들이 늘어나고 헬레니즘 세계의 재발견, 그리고 위대한 지리적 발견이 사람들의 인생관을 변화시킨다. 사람들은 또다시 모든 것의 중심에 서서 종교적 신조가 아닌 자신의 힘으로 세계를 발견하고자 한다. 인본주의의 폭발적인 증가로 삶을 근대적 방식으로 해석하게 되며, 개인주의가 등장한다.

포르투갈인의 도전적인 항해

현대의 우주인들이 미지의 영역에 도전하듯, 포르투갈 항해자들은 그 때까지 알려져 있던 세계의 끝에서 출발하여 아프리카의 해안을 발견했다. 그로부터 얼마 안 되어 한 남자가 지구가 끝나는 심연의 폭포로 모험을 할 수 있게 해달라고 카스티야 정부를 설득했다. 그러나 사실 그는 지구가 둥글고 어떻게든 인도에 도착할 것이라고 생각했다. (자세한 내용은 100쪽으로) ☞

특보

지구는 둥글다

전세계를 놀라게 한 이 사실은 마젤란이 전세계를 항해함으로써만 실증된 것은 아니고, 마젤란 함대 중의 하나인 빅토리아호를 지휘한 요한 세바스찬 엘카노에 의해 완결되었다. 코페르니쿠스와 갈릴레오는 지구가 우주의 중심이 아니라 태양 주위를 돈다는 것을 실증했다. 교회는 그들을 제명시켰다.

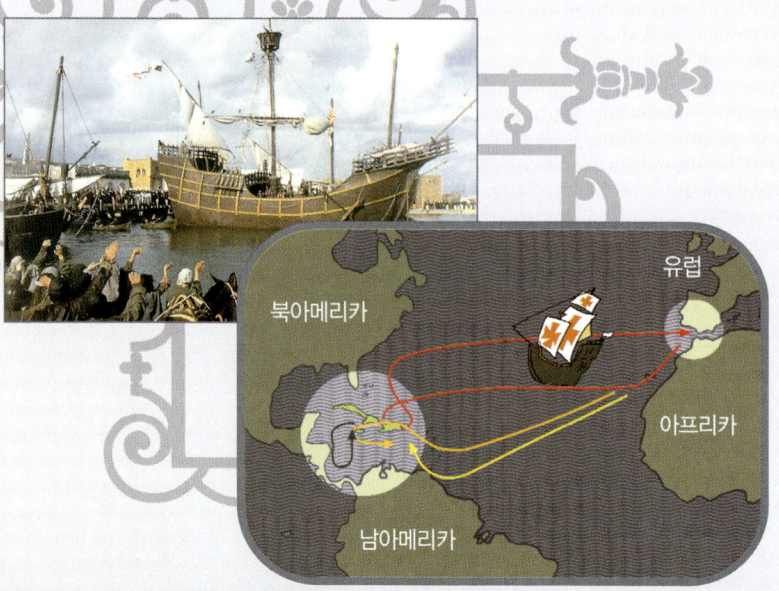

니콜라스 코페르니쿠스는 태양 중심설을 처음으로 공식화했다.

기술
구텐베르크

중국인들이 아주 오래전부터 알고 있던 인쇄술이 유럽에서는 요하네스 구텐베르크에 의해 발명되었다.

아랍인들이 도입한 래그 페이퍼(인쇄용지)와 금속 활자체의 사용으로, 인쇄기는 책과 함께 지식의 세계를 혁명적으로 변화시켰다.

(더 자세한 내용은 101쪽으로) ☞

속보
북유럽의 인간 중심의 새로운 문화

네덜란드, 영국, 독일에서 일어난 인문주의 운동은 인간의 존엄, 윤리학 및 고전 연구를 주창했다. 이 운동은 성경을 암기하는 대신 윤리학, 문법, 역사, 수사법 및 시가 등을 가르침으로써 교육의 대변혁을 일으키고자 한 것이다. 로테르담의 에라스무스는 이 운동의 명실상부한 지도자로서 그는 교회의 평화적인 개혁을 주창했다.

100 / 문예 부흥의 연대기

예술

원근법이 발명되다!

원근법이란 물체가 가깝거나 먼 거리감이 있어 보이도록 하는 시각적 표현 방법이다. 그것은 르네상스 예술의 가장 큰 혁신이다. 자연 세계를 정확하게 표현하고자 예술가들은 그림에서 공간과 거리를 묘사하는 법을 배우는데, 이는 중세의 작품에서 볼 수 없던 특징이었다.

르네상스 그림은 원근법의 추구와 인체 해부 및 육체적인 미의 충실한 표현으로 나타난다.

☞ 98쪽으로부터

향신료 교역 경로

향신료는 음식을 보존하는 데 필수적인데, 그 교역 경로는 오스만족에 의해 유지되었다. 포르투갈인들은 아프리카 주위를 빙 둘러가는 새로운 경로를 찾는다. 콜럼버스는 대서양을 횡단하고, 다른 한쪽에는 신세계가 있다. 그들은 파인애플, 감자, 옥수수와 같은 새로운 음식을 발견한다. 그들은 사람들이 해먹(그 때 이후로 배 위에서 사용됨.)에서 잠자는 것을 보고, 쿠바의 아라와크족이 마른 담배 잎을 돌돌 말아 피우는 것을 보게 된다.

" 미신을 믿지 않는 항해자들은 대서양 횡단을 간절히 원했다. 아시아는 저쪽 반대편에 있고 이 두 대륙 사이에 괴물도 죽은 자들의 섬도 거대한 뱀도 세상 끝 폭포도 없다. "

국제

로마 제국의 멸망

콘스탄티노플이 수도인 비잔틴 제국은 1453년에 멸망한다. 이 때부터 튜르크족은 동유럽으로 급격히 이동한다. 해박한 그리스인들이 서유럽으로 망명하여 고전의 재발견을 북돋움으로써 르네상스가 부흥하는 계기가 된다.

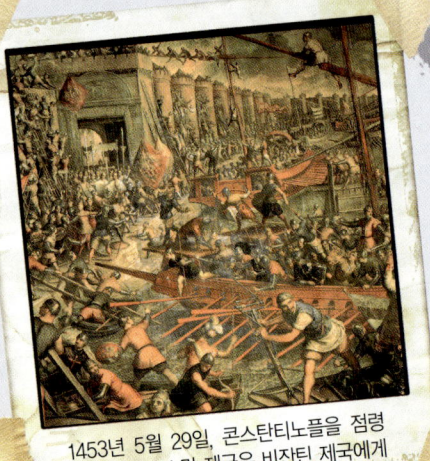

1453년 5월 29일, 콘스탄티노플을 점령함으로써 오스만 제국은 비잔틴 제국에게 종말을 고한다.

문화

☞ 99쪽으로부터

인쇄술의 발달

인쇄술은 개개의 원작에 대해 수많은 복사본을 발행할 수 있도록 함으로써 지식이 어지러울 정도로 빠른 속도로 증가한다. 대부분의 책들은 라틴어로 기록되어 대학과 전 유럽의 학자들에게 전해진다. 물론 모든 책들이 라틴어나 그리스어로 쓰인 것은 아니다.

사상가들은 이제 저마다의 생각을 쉽게 전파할 수 있다. 사상의 교환은 지금의 인터넷 붐에 견줄 만하다. 지식이 이처럼 쉽게 전파됨으로써 그 전까지 고수되어 온 오랜 믿음과 신조에 위협을 주었다.

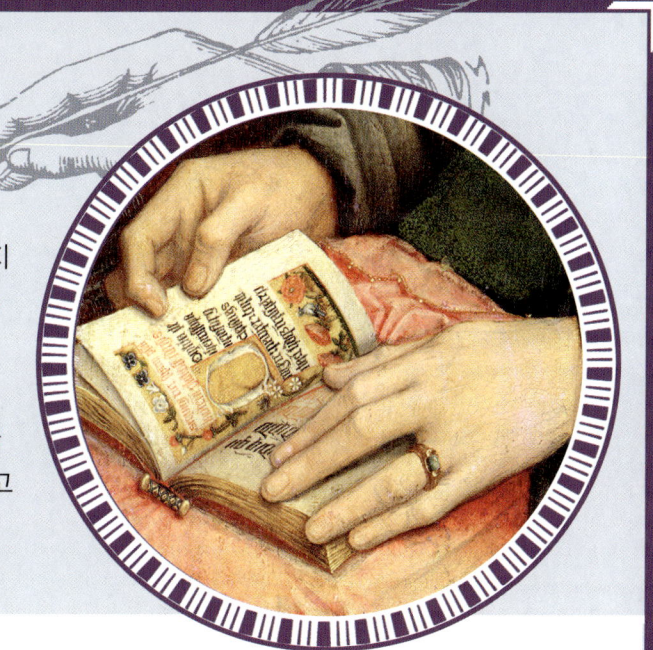

베스트셀러

르네상스 시대의 추천 도서

마키아벨리의 《군주론》
정치의 정글에서 살아남고 계속 성공하고자 하는 사람들을 위한 유명한 자기 계발서. 통치자는 사자와 여우의 습성을 동시에 지녀야 하며, 권력을 유지하기 위한 모든 수단은 정당화되어야 한다. 마키아벨리의 이름은 냉소주의의 대명사가 되었다.

토머스 모어의 《유토피아》
이 책에서 영국의 대표적인 인문주의자인 토머스 모어는 사회적 정치적 악은 토지, 교육 및 종교적 관용의 공유로 변화될 수 있다고 주장한다.

〈르네상스 배너티〉지가 선정한 올해의 인물

미켈란젤로는 모든 시대를 통틀어 가장 위대한 예술적 창조자로 선정되었다. 조각가, 화가, 시인이자 건축가인 그는 인체와 그 표현에 매료되었다. 조각은 그가 가장 선호하는 예술 표현 형식이다. 그는 조각이 돌 안에 갇혀 있는 형상을 자유롭게 한다고 믿었다. 그의 가장 잘 알려진 작품들은 구약성서의 장면들로 구성된 그림들과 바티칸의 시스틴 대성당에 있는 '최후의 심판'이다.

'최후의 심판'은 1535년에 시작되어 1541년에 완결되었다.

102 / 문예 부흥의 연대기

인물

르네상스 시대의 영웅, 레오나르도 다빈치

그는 르네상스 시대에 이탈리아를 대표하는 화가, 조각가, 발명가, 과학자, 해부학자이며 건축가이다. 그 앞에 펼쳐진 새로 발견해야 할 무궁무진한 것들에 사람들은 매료된다. 더 이상 그는 선입견을 가지고 사물을 바라보지 않으며 새로운 세계에 눈을 떴다.

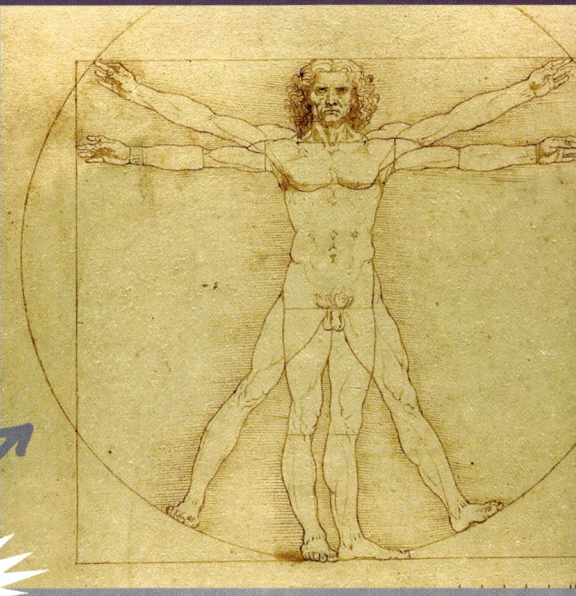

레오나르도 다빈치가 그린 '비트루비우스의 인간'은 인체의 대칭과 완벽함의 상징이다.

기술

레오나르도 다빈치는 그의 새로운 발명과 창작을 보여주며 사람들을 깜짝 놀라게 한다.

탱크(1485)
그는 전쟁을 미친 짓이라고 생각하지만 몇 가지 전쟁 무기를 고안한다. 낫이 달린 전차, 대포가 달린 목재 탱크 등.

비행기계
인간의 힘으로 구동된다. 천으로 된 날개와 목재로 만든 동체로 구성되어 기술적으로는 상당히 그럴듯하지만, 날기에는 조금 무겁다.

해부
그는 인체를 일종의 기계로 본다. 그는 인체의 기계역학적 문제를 풀기 위해 30구 이상의 시체를 해부한다.

다이빙복, 원심펌프 그리고 여러 가지 악기들을 고안한다. 그는 전쟁에 대비하는 건축물들과 운하들, 접을 수 있는 다리를 고안한다.

수수께끼

모나리자의 미소

수수께끼 같은 미소로 세상에서 최고의 유명세를 타는 이 굉장한 그림을 훔칠 속셈으로 예술품 도둑들은 그 그림이 어디에 걸리는지 알려고 기다리고 있다.
레오나르도 다빈치의 그림은 필적할 수 없는 미와 복잡 미묘함을 지니고 있다. '그림에 대한 논문'에서 그는 원근법과 시각이 공간과 거리를 인식하는 방식을 논한다.

수백만의 사람들이 해마다 세상에서 가장 유명한 그림인 '모나리자'를 보기 위해 파리를 방문한다.

시위

보석금을 내고 연옥을 떠나라!

로마 교황청의 예술 작품에 쓰인 많은 돈을 면죄부를 팔아서 조달했다는 사실이 알려지자, 가톨릭 영향권의 북부 유럽에서 대규모 시위가 일어났다. 이 돈은 그리스도 교도들이 연옥에서 자신의 원죄를 없애기 위해 지불한 것이다. 많은 그리스도 교도들이 교회의 이 같은 협잡과 부패에 항거하고 나섰다. 그들은 이전의 순수했던 교회로 되돌아갈 것을 요구했다.

예술 작품은 더욱 순수하게!
우리는 수많은 면죄부에 돈을 치르길 원치 않는다.
-프로테스탄트 신교도들-

프로테스탄트 주창자

루터

대학 교수이자 성직자인 루터는 원시 그리스도교로의 복귀를 주장했다. 그는 교황의 권위, 구원에 대한 교회의 선언, 성녀와 성인들의 성례와 추종을 거부하고, 성서를 자유로이 해석할 권리를 요구했다. 신에게 이르기 위해서는 어떠한 법도 존중할 필요가 없으며, 믿음이면 충분하다고 했다.

칼뱅

스위스 제네바에 근거를 둔 개혁주의자인 칼뱅은 운명예정설을 주장했다. 신은 이미 구원할 자들을 선택했으며, 바른 행동은 우리에게 구원의 기회를 준다는 것이다. 칼뱅은 많은 나라에 영향을 끼쳤으며 연옥의 존재와 면죄부를 부정했다.

최신 뉴스

가톨릭 교회의 반격

최근에 가톨릭 교회는 인간의 자유로운 선택(인간은 신 앞에 자유하며, 그들의 행위에 따라 구원받거나 그러지 못하는 것.)을 믿는다고 했다. 그러나 가톨릭 교회를 위해 프로테스탄트의 면죄부에 대한 물음을 간과했고, 예수회(신교에 대응해 일어난 가톨릭 선교회)의 창시자인 이그나티우스 데 로욜라를 기소했다는 것을 인정했다. 로욜라는 선교와 교육 사업으로 명성이 높다.

진보의 연대기
산업화 시대

사설 산업이 태동하면서 구세계는 점차 종말로 치닫고 있다. 부르주아들은 귀족의 힘을 약화시키고, 토지가 아닌 교역과 산업을 통해 부를 축적한 사회 계급이다. 사회는 증기기관, 철도, 섬유 산업 및 공업에 의해 새롭게 편성된다. 자유 교역은 정치적 자유와 민주주의의 발전을 가져온다. 하지만 양호한 작업 여건의 확보를 위해 싸울 새로운 시대의 노동력인 프롤레타리아라는 새로운 계급이 생겨난다. 과학과 사상은 이 시대를 지탱하는 또 다른 대들보이다.

봉기

구체제(앙시앵레짐)를 종결짓다

개개인의 태생이 아니라 능력에 우선하여 사회가 돌아가야 한다. 만인은 동등한 기회를 가져야 한다. 자유, 평등, 박애는 프랑스 혁명의 슬로건이다. 점차 유럽에서 오랜 특권들이 폐기된다.

프랑스 혁명(1789~1799년)으로 절대 군주제를 종식시키고 공화제를 쟁취했다.

산업

화석 연료

주로 프랑스, 독일, 영국의 채광 지역에서 석탄이 채굴된다. 화석 광물은 습지에서 식물이 분해되어 생성된다. 거기에서부터 증기 기관, 철도 및 철강 산업에 필요한 연료가 제공된다.

산업 혁명의 절정기에 웨일스에 있는 광산에서 사회 계급의 세분화와 소유주의 권력에 대한 최초의 봉기가 일어났다.

최신 뉴스

기계 혁명

산업 혁명은 사회와 상품의 생산 방식을 바꾸었다. 이는 영국에서 수력과 증기를 이용하면서 시작되었다. 증기 기관은 수증기의 열에너지를 기계 에너지로 바꾼다. 이 모두가 공장 건설, 도시 성장 및 운송의 발달을 가져왔다. 뿐만 아니라 산업화는 새로운 일자리와 사회 집단을 생성시키고, 이들은 사회를 더욱 복잡하게 만든다.

독점 기사

인간, 로봇이 되다

소단위 작업장이나 가정에서 만들어지던 물건들이 단가를 줄이기 위해 이제는 공장에서 대량 생산하게 되었다. 여기서 많은 노동자들이 기계의 부속품처럼 일하면서 값싼 노동력을 제공한다.

산업화 시대의 이해

알고 있나요?

- 경험주의
- 합리주의
- 계몽주의
- 과학적 방법
- 진보주의

- 이성을 바탕으로 지식을 옹호하고, 무지와 미신, 그리고 비이성적인 것들을 종식시키고자 했다. 백과사전이 편찬되었다.
- 인간의 상태를 개선하고자 하는 주의. 19세기의 과학과 자본주의가 인간을 노동에서 해방시킬 것이라 믿었다.
- 지식을 획득하는 데 이성의 역할을 강조했다.
- 세상 돌아가는 일들을 제대로 설명하려는 것이다.
- 경험의 역할을 강조. 모든 인식은 감각적 경험에서 나오며, 특히 통찰력에 의존했다.

자유주의

청신호
- 시민의 자유와 사회의 발전을 가져오는 개인의 자유를 의미한다.
- 국민에 대한 정부의 제한된 권력.
- 법과 신분 앞에서의 평등.
- 모든 사회의 집단적 문제를 초월한 개인.
- 사유 재산 및 자유 시장에 대한 존중.

적신호
- 사회가 모두에게 동등한 기회를 주지는 않는다.
- 생산 수단의 사적 소유가 소수에 집중돼 있고, 이들은 이윤을 노동자들과 나누지 않는다.
- 자유 시장 기능이 가장 강한 자의 이익에 부합되도록 돌아간다.

자본주의

과거의 상거래가 자본주의라는 새로운 경제 체제로 전환되는데, 여기서는 생산이 개개인에게 달려 있다. 자본주의는 생산이 구성원들의 공동체적 참여로 이루어지는 반면, 창출된 부는 특정 개인에게만 돌아간다는 점 때문에 비판받는다. 게다가 이러한 경제 체제는 중단 없는, 지속 불가능한 성장 및 축적을 바탕으로 하며 천연 자원을 고갈시킨다.

사건

공산주의

유물론 철학자 칼 마르크스는 인류 사회의 모든 역사는 계급 투쟁의 역사라고 단언했다. 산업 혁명이 공장 소유주와 노동자 간에 큰 차이를 만들어 내서 마르크스는 노동자들에게 이렇게 외친다. '전세계의 노동자들이여, 단결하라!' 마르크스의 새로운 역사 이론은 경제가 역사의 주된 추진력이다. 노동자들은 사회 계급이 없는 공산주의 사회를 만들 것이다.

고용 정보

노동자 뉴스

- 많은 사람들이 일을 찾아 시골을 떠나고 있다. 도시에서는 빈곤, 과잉 수용, 불결한 환경 및 질병 등으로 생활 여건이 열악하다. 1850년경 도시의 여건이 나아지기 시작했다.

- 노동자들은 하루 16시간, 일주일에 6일을 일했다. 일은 고되고 위험하지만, 처음으로 그들은 고정 임금을 벌었다.

- 아이들은 작은 공간에 들어갈 수 있고 작은 손으로 섬세한 기계를 다룰 수 있기 때문에 공장과 광산에 고용되었다. 그리고 많은 아이들이 죽었다. 영국에서는 19세기 중엽에 마침내 공장과 광산에서 아이들의 고용이 금지되었다.

정치

사람들은 그리스의 민주주의를 재정립하고 여기에 국민 자주권을 확립하기 위해 권력 분립을 추가했다. 여기에서 관련된 권력들은 입법, 행정, 사법, 즉 의회, 정부 및 법원이다. 그럼에도 불구하고 19세기에 대부분의 민주주의 국가들은 재산을 가진 남자들만 투표권을 가졌다. 어떠한 경우에도 여자들은 투표에 참여할 수 없었다.

여성 선거권은 1776년 미국 뉴저지에서 처음으로 도입되었지만, 1807년 취소되었다.

은행업과 사업

부자가 되는 길

- 종교적 이념은 사람들의 삶을 지배하는 주요 원리이다.
- 프로테스탄트가 되고 가급적 칼뱅교에 소속하라.
- 수도사의 노동을 자세히 들여다봐라. 그들은 신의 영광을 위해 일한다. 일은 개인적 풍요를 가져올 뿐만 아니라 좋은 활동이다.
- 일을 통한 희생과 경제적 성공은 세속적 상품을 위해 추구하는 것이 아니라 신에게 선택된 자들 중의 하나임을 검증받기 위한 것이다. 운명 예정설(르네상스, 칼뱅 참조).

이색 뉴스

당신은 원숭이의 자손이다?

자연 선택 과정을 바탕으로 한 종의 진화론은 영국 생물학자 찰스 다윈이 공식화 했다. 그에 의하면, 인간은 유인원 및 모든 다른 생물들과 관련돼 있다고 한다. 종교인들은 인간이 신의 형상을 따라서 만들어졌다는 확고한 신조를 공격하기 위해 그가 이 이론을 만들었다고 비난했다.

찰스 다윈의 작업은 현대의 진화 생물학의 바탕을 이루었다.

산업화 시대 / 109

미국 특파원으로부터

노예 제도가 끝나다

로마, 그리스, 그리고 수메르 시대로 거슬러 올라가서 그 기원을 찾을 수 있는 사회적 악성 종양인 노예제가 19세기에 이르러 종말을 맞았다. 7백만 명 이상의 사람들이 아프리카에서 붙잡혀 미국으로 끌려왔다. 거의 1백만 명에 이르는 아프리카인들이 대서양 횡단 도중에 질식하거나 기아 및 질병으로 죽었다. 미국에서는 250회 이상의 노예 폭동이 일어났으며, 미국 대법원은 1857년에 아프리카계는 미국 시민이 아님을 선언했다. 1833년 영국은 노예 거래를 중지시켰는데, 미국은 1865년에 이르러서야 가능한 일이었다.

광고

자유 티켓

전 유럽인들이여!
절대주의 국가를 싫어하나요?
자신의 땅을 소유하고 싶나요?
신하가 아닌 시민이 되고 싶나요?
당신이 원하는 종교를 마음대로 선택할 자유를 원하나요?
귀족 계급 출신이 아니더라도 자신의 능력으로 출세하고 싶나요?

약속의 땅, 미국이 당신을 기다리고 있습니다!

기술

그리고 그 때 빛이 있었다!

아무도 그것을 믿을 수 없었다. 가연성 가스가 봉입된 램프에 불이 들어왔을 때 갑자기 밤이 낮으로 변했다. 이제까지 도시들은 깜깜했고 오직 교회와 공공 건물의 횃불에 의해 희미하게 밝혀졌을 뿐이었다. 볼타 전지의 발명으로 전기를 사용하기까지는 50년을 더 기다려야 한다.

110 / 진보의 연대기

최신 뉴스

세계는 지금까지보다 더 빨리 움직인다

보일러, 터빈 그리고 물에 의해 냉각되는 응축기 등이 크랭크 축을 통해 프로펠러에 동력을 전달함으로써 움직이는 증기선은 시간당 35노트(kt, 선박의 속력을 나타내는 단위)의 속력을 낸다. 그 이전까지 가장 빨랐던 쾌주 범선은 17.5노트를 넘지 못한다. 마침내 7천 년이나 지속되었던 돛단배의 시대가 끝났다.

증기 엔진의 도입으로 배가 이제 더 이상 바람에 의존할 필요가 없어지면서 항해에 엄청난 발전을 가져왔다.

기술

땅콩 기름으로 움직이는 차

독일의 엔지니어인 루돌프 디젤이 이제 막 내연 기관을 발명했다. 이는 미네랄 오일을 연료로 이용한 첫 엔진이다. 처음에는 땅콩 오일을 이용했고, 그 후로는 더 싸다는 이유로 석유를 이용하게 되었다.

철마, 증기를 내뿜다

레일 위를 달리는 첫 증기 기관차가 1804년에 만들어졌다. 여객 열차는 1820년경에 운행되기 시작했다. 증기 기관차는 20세기 중반까지 지속될 것이다. 19세기 말에 이르러 증기 기관의 성능이 향상되면서 고속 열차는 시속 150km까지 달릴 수 있게 되었다. 그 후로 교역과 문화 교류가 더 활발해진다.

산업화 시대 / 111

외교 정책

영국의 초국가적 영토

기네스북에 따르면, 영국이 역사상 가장 넓은 영토를 가졌다고 한다. 이 식민지 제국은 초국가적인 영토를 가지고, 막강한 군대와 행정과 조세를 담당한 식민지 정부 조직을 갖고 있었다.

날씨

영국에서 기상 예보

브리티시컬럼비아 토착민들 사이에 온화한 날씨가 예상된다. 하지만 세포이의 반란으로 인해 인도엔 소나기가 내릴 것이다. 남아프리카 줄루족 영토에서 허리케인이, 보어족 영토에선 강우가 예측된다.

독자의 질문

제국주의란 무엇인가?

17세기 이래 유럽, 미국, 러시아가 아시아, 남아메리카 및 아프리카를 경제적으로 지배한 것이다.

정의

새로운 식민지 시장 개척

산업화 시대에 유럽 열강들은 자신들의 문명화 모델이 우월하다는 믿음으로 이를 나머지 세계에 적용하려 했다. 또 서구의 대도시들에서 제조된 상품을 새로 개척한 식민지 시장으로 판매하려고 혈안이 되었다. 대부분의 식민지들은 20세기 중반에 독립을 한다. 하지만 이런 나라들 중 대부분은 오늘날 제3세계의 일각을 형성하며 아직도 경제적인 착취를 당하고 있다.

전쟁과 과학 기술의 연대기
20세기의 사회와 문화

오락

영화의 출현

영화의 발명으로 인해 새로운 사상들이 세계의 5대륙 전체에 전해질 수 있었다. 그러나 이와 같은 장점을 추구하는 대신에 현실도피적인 몽상을 생산해 내는 공장으로 전락하고 있다.

1920년대에 사운드트랙이 영화에 도입된다.

사설

20세기는 미래 세대들로부터 역사상 가장 폭력적인 시기로 기억되며 두 차례의 세계 대전, 유대인, 집시, 그리고 아르메니아인들에 대한 대학살, 원자폭탄, 스탈린주의, 인종 차별 및 핵전쟁에 대한 공포 등으로 특징짓는다. 그러나 20세기는 또한 여성 해방, 생태학적 경각심, 인간의 권리, 비폭력, 향상된 작업 환경 및 문화의 향유 등의 시기이기도 하다. 그렇다 하더라도 세계적인 기아와 빈곤, 그리고 끊이지 않는 국지적인 전쟁은 여전히 이 시대의 슬픈 유산이다.

과학

우주 탐사

회의론자들은 환멸을 느끼기 시작한다. 러시아인들과 미국인들은 마침내 지구 밖의 궤도로부터 지구를 조망하게 된다. 우주 탐사가 시작되었다. 지구는 창공의 검은 벨벳에 달려 있는 보석이다.

지구는 66억 명의 인구가 사는 주거지다.

인물
버트란드 러셀

영국의 철학자이자 20세기 논리학의 주창자. 1차 세계대전 중 평화주의 시위에 참여한 죄로 투옥되었다. 1950년 노벨문학상을 수상했다.

> 한편으로 과로하거나 굶주리는 사람들이 생겨나는 것이 불가피하긴 하지만, 현대적 생산 방식은 우리 모두가 쉽고 안전한 생활을 영위할 수 있을 가능성을 보여준다. 아직까지 우리는 기계가 등장하기 전에 하던 것처럼 활동적인 삶을 살고 있다. 이와 같이 우리는 어리석게 살고 있지만, 앞으로도 계속 그렇게 어리석은 삶을 살지 말아야 할 이유는 없다.
>
> 버트란드 러셀 《게으름 예찬》 중에서, 1935년

외교 정치

전쟁과 함께 20세기가 시작되다

이 전쟁의 발발로 기술적 진보가 인류를 구원할 것이라고 주장하던 실증주의가 종언을 고한다. 참호전의 잔혹함이 인류 사회를 파괴하고 있다. 독일이 식민지를 거느리고 싶어 하지만 프랑스와 영국은 그것을 원치 않는다. 지도자, 황제, 국가 및 경제 권력의 우두머리들 간에 형성된 여러 동맹들은 프랑스와 독일의 노동자들이 서로 힘을 합쳐 그들의 압제자들에 대항해 싸우는 대신 서로에게 총부리를 겨누도록 조장한다. 하지만 러시아 혁명이 임박했다.

1차 세계대전은 800만 명의 희생자를 낸 것으로 추정되었다.

스페셜 리포트

망치와 낫
노동자와 농민을 위하여

망치와 낫은 러시아 볼셰비키의 상징물이다. 노동자, 농민, 그리고 군인들의 혁명이 일어났다. 레닌이 독일과 전쟁을 종결짓는 데 사인했을 때 이 모든 것이 시작됐다. 공산주의자들은 차르(황제)를 물러나게 하고 러시아를 지배하게 되었다. 프롤레타리아 독재 정부가 시작된 것이다. 의료, 문맹 퇴치 및 기근 근절 등의 계획을 수립했다.

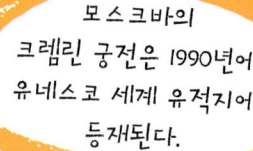
모스크바의 크렘린 궁전은 1990년에 유네스코 세계 유적지에 등재된다.

퀴즈

상식 퀴즈를 통해 '크렘린에서 주말을' 경품 타세요!

1. 소비에트란?
① 멸종의 위기에 처한 동물
② 모자
③ 노동자 농민 위원회

2. 레닌은 누구인가?
① 라스베이거스의 가수
② 러시아 혁명가
③ 남극 탐험가

3. 볼셰비즘이란?
① 러시아 사회민주노동당 급진파의 사상
② 러시아 칵테일
③ 일본의 전쟁 기술

4. 공산주의란?
① 다른 종교들은 인민의 아편이라고 주장하는 종교
② 상식에 대한 믿음
③ 생산수단이 공동 소유이고, 재화의 공평한 분배가 이루어지는 사회 조직

정답 1. ③ 2. ② 3. ① 4. ③

20세기의 사회와 문화 / 115

항의

보헤미안들, 부르주아의 가치를 먹고살다

그 같은 대학살로 이끈 전쟁의 몰상식함은 전통과 도덕을 깨는 예술적 운동의 출현을 불러일으켰다. 이 운동을 아방-가르드(전위) 운동이라 한다.

베스트 셀러
정확한 전문용어 사전

미래주의 전통과 과거의 보수성을 버리고 기술적 진보, 속도 및 폭력을 찬미한다.

초현실주의 의식의 자연스러운 흐름과 꿈, 본능 및 사회적 혁명의 중요성을 강조한다.

다다이즘 모든 이성적이고 전통적인 가치들을 거부하고 사고와 표현의 논리를 제약하지 않을 것을 옹호한다.

큐비즘 기하학적 형상을 통해 추상체로 사물을 표현하려는 것이다.

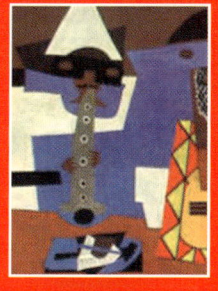

정확한 전문용어 사전

예술판

주가 지수 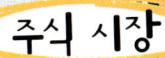 주식 시장

파시즘이 급격히 상승세를 타는 데 반해, 민주주의는 내내 고전을 면치 못한다. 또한 공산주의 주를 살 좋은 순간이다. 간단히 말하자면, 전체주의 주가가 경기 불황, 의회의 가치에 대한 불신 및 계급 투쟁 등의 결과로 몇 포인트 상승했다.

스포츠

오늘 밤, 세계 전체주의 타이틀 복싱 대결

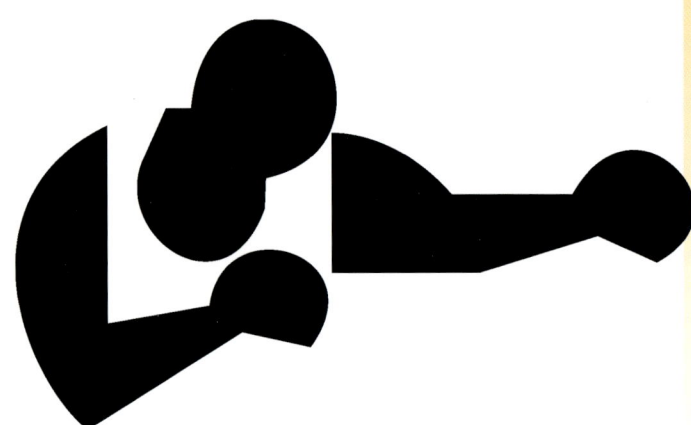

3가지 경기!

철 주먹의 카우딜로
대
스페인 공화국

링의 일 두체(파시스트 당수 무솔리니의 칭호)
대
이탈리아 민주주의

나치의 강펀치 보유자 히틀러
대
나치 파괴자를 자처한 신인 스탈린

장소: 유럽 경기장, 20일 일요일

일선에 가 있는 통신원으로부터

세계는 전쟁 중

인간이 정말 인간 맞아? 유대인들을 내부의 적으로 만들고 러시아 공산주의자들과 서구 세력과의 불협화음을 불러일으킨 후 아돌프 히틀러는 이제 독일인들에게 인종 차별주의, 확장주의 노선을 선동하고 있다. 그 결과 유대인 대학살이 일어났고, 2차 세계대전 중 5천만 명이나 죽었다. 그러나 나치주의를 격파한 후, 미제국주의 민주주의와 소비에트 전체주의는 이제 서로 적이 된다. 냉전이 시작됐다.

간추린 뉴스

전면전

1. 전쟁 전에 소비에트는 우크라이나 사람들을 굶어 죽게 하고, 대다수를 다른 지역으로 강제 이송하거나 처형했다.
2. 스페인 내전 때 바르셀로나가 대량 공습으로 시민들이 희생당한 첫 도시가 되었다.
3. 독일이 런던을 포격했다.
4. 영국이 소이탄으로 독일의 드레스덴을 쑥대밭으로 만들었다.
5. 미국이 일본의 히로시마와 나가사키에 각각 원자 폭탄을 투하했다.
6. 독일이 유대인과 집시들을 집단 수용소에서 학살했다.

20세기의 사회와 문화 / 117

충돌

냉전으로 이끈 세계관

미국의 시각
- 종교 선택의 자유 보장
- 국가에 대한 불신 가능
- 개인 주도권 존중
- 개인의 노력에 의한 부와 재산
- 국민들의 힘이 바로 민주주의

소비에트의 시각
- 종교는 국민의 아편
- 국가는 국민의, 국민을 위한 조직
- 개인의 이익 이전에 전체의 이익이 우선
- 소수가 가진 부는 국민을 지배하는 특권
- 프롤레타리아의 지배는 다수를 위한 정의를 정당화

많은 신생국들의 탄생!

2차 세계대전 이후에 프랑스, 영국 등의 많은 식민지들은 독립을 하면서 발전하게 된다. 그들은 UN에 가입하면서 보편적 인권 신장을 하게 되지만, 여전히 경제적 종속 상태에 처할 것이다. 시간이 지남에 따라, 동(공산 국가)과 서(자본 국가)의 대립은 남(빈국)와 북(부국)의 구도로 대체될 것이다.

금주의 여론 조사

당신은 자본주의 체제와 공산주의 체제 중 어느 쪽을 선호합니까?

- 70% 모르겠다/ 무응답 (제3세계의 인구)
- 15% 자본주의
- 15% 공산주의

권리

여성들이 무대를 점령하다

남자들에 의해서만 지배되는 세상은 불균형적인 세계다. 20세기에 이르러 시민권, 정치적 권리 및 노동권, 게다가 가족 계획의 권리와 자기 신체에 대한 의사 결정권 등이 허용되면서 여성 해방을 맞이하게 된다. 남성과 완전한 동등함. 사실 여성 해방은 향후 남성들과의 관계를 조정하는 그 이상의 의미를 갖게 된다.

독점 기사

평화적인 수단으로 독립을 쟁취하고 시민권을 얻어 낸다.

비폭력, 불복종

한 가지 숭고한 투쟁 형태가 20세기에 개발되었다. 수많은 세기에 걸친 전쟁 끝에 비폭력, 불복종이 주창되고 있다. 무력을 사용해서 적을 이길 수 없을 때 유효한 방법이다. 간디는 인도의 독립을 성취한다. 그리고 마틴 루터 킹은 흑인들의 시민권을 얻어 낸다.

생태 환경

지속 가능한 개발

'인간은 자연의 수호자이며 모든 생물은 신성하다.' 이는 아름다운 원주민이 한 말이다. 생태학적 자각이라는 말로 달리 표현되어 이 개념은 선진국에서 유행하고 있다. 개발은 지속 가능하고 균형을 이루는 것이어야 한다. 사람들이 환경을 보호하지 않는다면, 불가사의한 존재인 인류는 결국 멸종될 것이다.

최신 과학

과학자는 관찰함으로써 그 실험에 영향을 미친다
상대성 이론은 세상을 바라보는 시각을 변화시킨다

> 우리는 더 이상 뉴턴의 역학적 세계에 살고 있지 않다. 시간과 공간은 상대적이다.

빅뱅

우주는 대폭발 이후 생겨났다. 그 이전엔 무엇이 있었을까? 시간 역시 대폭발로 인해 생겨났으므로 아무것도 존재하지 않았다. 그러나 아마 시간 이전이 아니라 시간을 뛰어넘어서 무언가가 있었을 것이다.

양자역학

입자 및 입자 집단을 다루는 현대 물리학의 기초 이론. 원자, 분자, 소립자 등의 미시적 대상에 적용되는 역학이다.

오늘의 만화

"아, 이런, 프랭크, 네게 쌍둥이 형제가 있는지 몰랐어."

"내 형제가 아니라 예비품이야."

복제는 우리에게 여분의 장기를 제공할 것이다!

기술

버튼 터치의 세상!

나는 비행기 표를 구매할 수 있다. 위성에 연결하여 지구의 모습을 볼 수 있다. 사형 선고에 대한 탄원서에 사인할 수 있다. 세계 어느 지역과도 의사소통을 할 수 있다. 웹 상에 나의 생각, 음악 및 아이디어를 올릴 수 있다. 나는 무궁무진한 가능성의 세계와 접촉할 수 있다. 나는 다양성에 대해 배울 수 있다. 세계는 드디어 연결된 것이다.

120 / 전쟁과 과학 기술의 연대기

찬성 그리고 반대

세계화

> 내게 세계화란 지구상의 모든 사람들이 잘사는 나라들로부터 온 것들을 생각하고, 구매하고, 보고 듣는 것이다.
> —올렝코 자무리, 마다가스카르

> 내게 세계화란 지구촌을 의미한다. 그것은 정보가 오지까지 전달되고 서로를 연결해 주어 더 잘 알 수 있게 해 주므로 우리가 연결되어 있다고 느끼도록 한다.
> —존 맥켄지, 텍사스

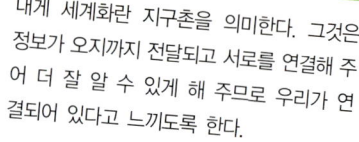

혁명

젊은이들도 존재한다!

'상상력에 온 힘을'이라는 슬로건을 내건 1968년 5월 프랑스의 청년 시위대는 교육과 보수적인 정책의 변화를 요구했다. 처음 젊은이들이 공식적으로 나섰다.

20세기 하이라이트

- 1911 로알 아문센 남극에 도착.
- 1922 이집트에서 투탕카멘의 무덤 발견.
- 1953 에드문트 힐러리와 텐징 노르게이 에베레스트 등정.
- 1955 앨라배마에서 흑인들이 흑인과 백인 차별 좌석을 둔 버스에 승차거부 운동 벌임.
- 1957 유럽 공동체 탄생.
- 1960 호주 원주민, 시민으로 인정받음.
- 1967 크리스천 버나드, 남아프리카에서 첫 심장 이식 수술함.
- 1969 닐 암스트롱, 달에 첫발 디딤.
- 1971 스위스에서 여성 투표권 인정함.
- 1989 베를린 장벽 붕괴.

20세기의 사회와 문화 / 121

1986년 4월 26일 체르노빌 사고는 역사상 최악의 핵 재앙이다.

여론 조사
20세기 최악의 재난들에 점수를 매기시오.

샌프란시스코 화재	25점
타이타닉호 침몰	32점
힌덴부르크 비행선 폭발	35점
액손 발데스호 원유 누출	68점
보팔 공장 폭발(인도)	75점
체르노빌 사건	100점

안내 광고

- 20세기를 혁명적으로 변화시키고 질병을 예방하는 항생제 구입.

- 종교와 가족 제도, 그리고 사람과 천연자원을 수탈하는 사유재산 제도에 바탕을 둔 잘못된 도덕성을, 히피 운동에 참여할 때 입을 나팔 바지와 교환하시겠습니까?

- 유행가를 새로운 클래식 음악으로 바꾸어 놓을 재즈, 살사, 플라멩코, 탱고, 삼바, 록, 그리고 민속 음악 레코드 구입.

- 가르시아 마르케스(소설 《백년의 고독》의 작가)의 팬이 이 세상에 또 다른 문학적 시각을 보여주는 마술적 사실주의(실제 사건과 환상이 뒤섞인 글을 쓰는 방식)에 대해 배우고자 콜롬비아 여행 희망.

TV 프로그램 안내

오후 3시 남아프리카의 인종 차별에 대한 다큐멘터리. 유럽 식민주의 최악의 면모.

오후 4시 오늘의 이슈 : 이산화탄소 방출로 야기되는 온실 효과.
오후 6시 TV에 대한 토론 : 단지 오락용인가, 아니면 교육적 도구인가?
오후 8시 미스월드 선발 대회

현재 진행 중인 역사의 연대기
21세기 디지털 시대

사설

우리의 현재는 과거의 결과다. 인류는 생존과 공동생활의 기본적인 문제들을 해결해 나가면서 기술적으로나 문화적으로 발전해 왔다. 그러나 인간은 정서적 한계, 즉 상호 이해나 충돌, 이기주의에 사로잡혀 전쟁, 기아 및 불평등이 여전히 사라지지 않고 있다. 인간성은 이제 갈림길에 서 있다. 인류가 성숙한 시대로 접어들 것인가, 아니면 어리석은 짓을 계속해서 인간이나 환경에 돌이킬 수 없는 피해를 입힐 것인가?

물 부족

많은 나라들에서 기후 변화로 인해 물이 귀해지고 있다. 이런 상황을 바로 잡길 바란다면 책임 있는 소비와 절약이 이루어져야 한다. 인간이 더 이상 이런 위태로움을 무시하고 토지를 마음대로 개간해서는 안 된다.

현대 사회는 전 지구적으로 가뭄에 시달리고 있다. 물은 우리에게 주된 생명의 원천이다.

지속 가능한 개발

산업 혁명은 19세기에 지구의 자원이 한정되어 있다는 의식이 없이 진행되었다. 자연과 노동자의 착취는 자연에 대한 경외감과 노동자의 권익에 대한 존중을 통해 바로 잡아야 한다. 환경과의 균형 유지는 지속 가능한 개발에 달려 있다.

정치

세상의 굶주린 자들이여, 단결하라

전세계의 굶주린 사람들이 고질적인 기아에 항의하기 위해 월스트리트와 그 밖의 권력 중심부로 몰려들었다. 이것은 식량 부족의 문제가 아니라 분배, 즉 터무니없는 부당 이득과 잘못된 운영의 문제인 것이다. 전세계의 굶주린 자들이 부유한 선진국들의 사람들에게 식량을 주고 있는 상황이다. 전세계의 약 15억 명에 달하는 사람들이 영양 실조와 굶주림을 겪고 있다. 좀 더 공정하게 처신하자!

제3세계를 규정하는 요인은 기아와 낙후된 기술이다.

소비

백성, 시민, 소비자

인간은 절대 군주의 백성에서 민주주의 국가의 시민이 되었다. 그리고 1960년대 이후로 그들은 부유한 나라에서 거대한 소비자가 되었다. 하지만 풍요로움은 더 많이 소비하는 것이 아니라 더 많은 기회를 제공받은 것과 관련된다. 우리의 소비 수준을 낮추는 것이 삶의 질을 떨어뜨리는 것은 아니다.

오늘날 소비의 불균형은 천연 자원과 생태계의 균형에 심각한 충격을 주고 있다.

124 / 현재 진행 중인 역사의 연대기

오늘의 일지

풍력	바이오매스	태양 에너지
수력 전기	조력	지열

낮 12시 유명한 침팬지 루돌프 킨샤사의 자연과학회 강의.

강연 제목: 인간에 대한 충고

요약 내용

짧은 시간에 큰 수익을 내려고 하다 보면 오랜 기간의 피폐가 야기된다. 인간 행위의 결과로 환경을 손상시키지 않도록 더 나은 계획을 세워야 한다. 바람, 태양, 수소 연료 및 전기 모터 등과 같은 재생 가능한 에너지는 인류 생존을 위한 기회를 제공한다.

뉴스와이어

인구 증가의 문제

더 나아진 보건, 식량 원조 및 얼마간의 진보로 인해 이른바 제3세계 나라들에서 급격한 인구 증가가 일어나고 있다. 정부의 능력 부족과 전통적 생활 방식과의 충돌로 인해 가족 계획이 제대로 이루어지지 않음에 따라 출생률이 높아지고 있다. 만일 인구를 유지할 충분한 자원이 없다면, 그 국민들은 이민을 할 수밖에 없다.

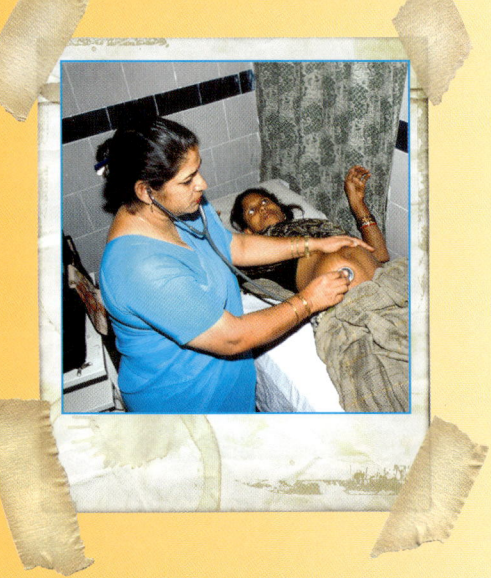

출산율은 모든 여성들이 임신 가능 기간에 각 연령 그룹별 평균 비율에 맞게 출산할 때 한 여성이 낳는 아이들의 평균수를 나타낸다.

신상품

환경 문제를 더 잘 인식하게 만드는 새로운 게임, 현재 판매

내가 오염시킨다!
당신이 오염시킨다!
그가 오염시킨다!

인류가 자연 환경을 망가뜨리는 수많은 방식을 당신에게 보여 주는 게임.
이 게임은 당신이 세상을 바꾸고 싶도록 만들 것이다! 오염된 공간을 피하도록 애쓰면서 게임을 풀어 가라!

여론 조사

21세기에 해결해야 할 문제는 무엇인가?

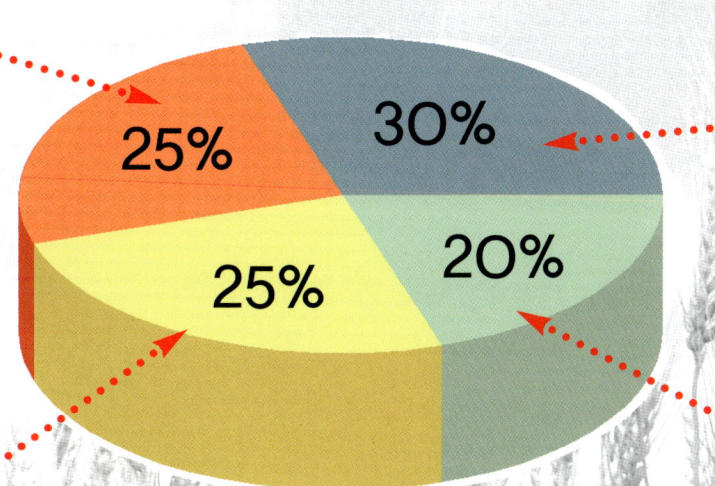

온실 효과로 인해 오존층의 구멍이 확대되고 극지방의 빙하가 녹는 것을 방지하기.

외채를 탕감하고 공정한 교역을 장려하고 남반구의 나라들을 민주화해서 부유한 북반구와 빈곤한 남반구 간의 불균형 해소하기.

빈곤국들, 광신적 집단에 대한 서구의 불공정한 처리에 대해 맞서 싸움으로써 테러를 피하기.

기아와 질병을 근절시키는 것이 기술적으로 가능함.

광고

22세기는 우리에게 무엇을 요구할까?
당신의 미래로 한 발 내딛고 싶습니까?

예언가 대기 중

경험이 풍부함

각 시대별로 가장 특별한 사건들을 투시하는데 오랜 경험을 쌓은 예언가가 미래를 예언한다.

경연 대회

'21세기를 정의하라'
우승한 내용
- 생명은 창조적이고 다양하며 부의 원천이다.
- 획일성은 따분하다!

엘리엇 문신하다. 나이 20세

예언가가 적중한 사례들

중세 : 지구는 편평하고 우주의 중심이다. 신은 만물의 심판자.

르네상스 : 지구는 둥글다. 지구는 우주의 중심이 아니다. 인간은 만물의 심판자.

근대 : 이성의 제국. 뉴턴의 역학적 우주.

20세기 : 시간과 공간은 상대적이다. 인간이 무의식을 발견하다. 원자의 핵융합.

21세기 : 유전 공학, 양자역학의 등장.

126 / 현재 진행 중인 역사의 연대기

●●● 21세기의 5가지 긍정적인 요소
1. 우주 변두리를 벗어나 마침내 우주의 일부가 되다.
2. 시민 사회의 강화, 국가에 대한 균형추 역할을 하는 NGO들.
3. 민주주의, 노동 권리의 발전.
4. 위대한 영성.
5. 인종 간의 통합 및 어울림.

●●● 21세기의 3가지 부정적인 요소
1. 지구의 천연 자원의 훼손.
2. 국가 관료 체제 및 다국적 회사들과 같은 소집단의 이해에 따른 통합.
3. 외국인 혐오, 종교적 광신주의, 남북 간의 불균형으로 인한 이민 문제.

글자 맞추기 게임

21세기에는 어느 신흥국들이 미국을 추월할 수 있을까?

_ _ _ _ 국

인 _ _ _ _

_ _ _ _ _ _ _ _ 질

(정답: 중국, 인도, 브라질)

국제

그래픽 유머

오늘날 가장 긴급한 갈등 상황

❶ 이스라엘은 유엔의 결정을 따르지 않고 팔레스타인 전역을 점령했다.

❷ 편잡과 카슈미르 지방의 영토 분쟁

❸ 중국 국민당 사람들이 도피한 곳이 바로 타이완이다.

❹ 터키는 쿠르드족의 권리를 인정하지 않는다.

여행

내면으로의 여행

19세기와 20세기에 아시아를 기독교화 하려는 선교사들이 들어온 후, 오늘날 요가, 기공체조, 기 치료, 초월명상, 침술 그리고 풍수 등으로 동양의 정신주의가 발달하고 있다. 서양인들은 기술의 힘으로 세계를 지배했다. 동양인들은 내면을 통해 자기 자신을 통찰하는 기술을 발전시켰다. 마침내 세계화 덕분에 이 두 경향이 마주치게 된 것이다.

여행

더 나은 일자리를 찾아

기술과 저비용으로 인해 여행은 더할 나위 없이 쉽게 되었다. 세상은 점점 작아지고 비행기를 타는 것은 일상이 되었다. 하지만 모두가 즐거움을 위해 여행하는 것은 아니다. 거대한 사람들의 물결이 더 나은 일자리를 찾아서 남반구에서 북반구로 여행한다. 이 사람들은 비행기가 아니라 작은 배와 카누, 혹은 화물차에 짐짝처럼 실리는 등 불안정하게 여행한다.

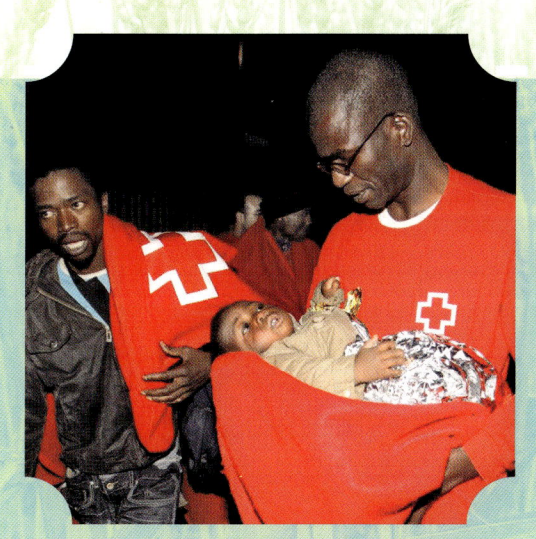

모로코는 사하라에 거주하는 족속들의 권리를 인정하지 않는다.

러시아는 체첸의 독립을 인정하지 않는다.

편집자에게 보내는 글

우리는 우리가 사는 시대의 역사의 일부를 이루고 있다. 우리들 각자는 매우 중요하다. 우리의 생각, 느낌, 의식 그리고 매일의 선택들이 우리의 개인사에 영향을 미치며, 전 역사에 이런저런 방식으로 기여하게 될 것이다. 우리 모두가 함께 엮는 세계의 역사.

여러분 또한 역사의 일부를 이룹니다. 여러분의 사진을 여기에 붙이세요.

기술

21세기 최고의 발명은 무엇이라고 생각하나요? 한번 생각해 보세요!

과학은 세계 지도자들이 내린 결정보다 더 많은 변화를 가져왔습니다. 자신이 가장 중요하다고 믿는 5대 발명을 책에서 찾아보고 그렇게 생각하는 이유를 말해 보세요.

미래를 위한 이야기 마당

자신이 생각하기에 현재 가장 의미 있는 이야기들을 신문, TV 또는 인터넷에서 찾아 미래의 젊은이들에게 알려 주세요. 예를 들어, 동남 아시아를 휩쓴 거대한 파도 쓰나미나 역사상 처음으로 미국에서 흑인 대통령을 선출한 것과 같은 이야기들을.

관심을 끈 뉴스를 선정해서 만화로 만들어 보세요.

오늘날 중요 인물의 초상화를 붙이거나 그려 보세요.